딱
50부터
노후 준비합시다

딱 50부터 노후 준비합시다

머니 트레이너 김경필의 저속 은퇴 프로젝트

김경필 지음

경이로움

노후 준비,
지금부터 다시 점검하라

가난이 익숙한 세대와
그렇지 않은 세대

*

노인 빈곤율이란 중위소득의 절반에도 미치지 못하는 소득으로 생활하는 노년층의 비율을 의미한다. 그러나 지금의 노년층은 성장기 내내 가난과 떼려야 뗄 수 없는 환경에서 살아온 세대다.

이들은 절대빈곤을 경험한 세대이지만, 지금의 젊은 세대처럼 상대적 빈곤을 크게 체감하지는 않은 경우가 많다. 흥미롭게도 노인 빈곤율은 높지만 이러한 삶의 경험 때문에 경제적 어려움에 비교적 잘 적응하는 세대다.

65세 이상을 지칭하는 노년층 중에서도 75세, 80세를 넘는 노인들은 전쟁과 가난을 몸소 겪어왔다. 65세에서 75세 사이의 노인 역시 전쟁을 직접 겪지는 않았지만 한두 끼 굶어보지 않은 사람이 드물 정도로 가난한 시절을 보냈다.

어느새 1980년대에 태어난 세대가 은퇴 이후의 삶을 고민해야 하는 40대가 되었다. 이들은 이전 세대보다 상대적으로 부족함 없이 성장했고, 지금 활동기 끝자락에서 절대빈곤보다 훨씬 더 무서운 '상대적 빈곤'이라는 새로운 어려움을 경험하고 있다.

따라서 이 세대는 부모 세대와는 전혀 다른 방식으로 은퇴를 준비해야 한다. 한국인 특유의 열정을 은퇴 준비에 쏟지 않는다면, 부모 세대보다 훨씬 더 큰 경제적 어려움을 겪을 가능성이 높기 때문이다. 절대빈곤보다 더 무서운 것이 바로 상대적 빈곤이다.

잘못된 3가지 고정 관념

*

그렇다면 왜 많은 사람이 은퇴 준비의 중요성을 알면서도 쉽게 시작하지 못하는 것일까? 문제는 능력이나 의지의 부족이 아니라 은퇴에 대해 우리가 오랫동안 당연하게 믿어온 생각들, 즉 잘못된 고정 관념 때문이다.

① 은퇴는 일에서 완전히 벗어나는 시점이라는 고정 관념

첫 번째 고정 관념은 일로부터 완전히 벗어나는 '은퇴 시점'에 대한 생각이다. 지금의 30~40대는 부모님의 퇴직과 노후의 모습을 보며 자연스럽게 자신의 미래도 그 시점에 맞춰 상상해 왔다. 즉 30세에 사회 생활을 시작한 사람은 60세에 정년 퇴직하는 부모님과 회사 상사들을 보면서 '나도 30년 후에는 은퇴하겠구나'라고 생각한다.

하지만 지금의 젊은 세대는 상황이 완전히 다르다. 특히 1990년대생들은 인류 역사상 처음으로 '소득 없이 30년 이상 살아야 하는 세대'가 될 가능성이 높다. 현재 1990년대생의 기대수명은 80대 후반으로 예측되지만 실제로는 90세를 넘어설 가능

딱 50부터 노후 준비합시다

성도 높다는 전망이 많다. 결국 지금의 고정 관념대로 60세에 퇴직한다면 소득 없는 시간이 30년 이상 이어질 수도 있다.

② 노후생활비는 지금보다 훨씬 적게 들어갈 것이라는 고정 관념

두 번째 고정 관념은 노후에는 생활비가 적게 들어갈 것이라는 생각이다. 부모 세대는 생활비에서 차지하는 문화·레저비의 비중이 매우 낮았다. 그래서 은퇴 이후 줄어든 생활비에도 비교적 빠르게 적응할 수 있었다. 실제로 월 100만 원이 채 되지 않는 생활비로도 (어렵지만) 살아가는 노인들이 존재한다.

하지만 1980년대 이후 태어난 세대는 상황이 다르다. 현재 생활비 가운데 자녀 교육비나 대출 이자처럼 나중에 줄어들 수 있는 비용을 제외하고 보더라도, 순생활비에는 문화, 레저, 쇼핑, 여가 관련 지출이 상당한 비중을 차지하고 있다.

어떤 사람은 이렇게 말할지도 모른다.

"은퇴하면 그런 소비를 안 하면 되는 것 아닌가?"

하지만 현실은 다르다. 문화, 레저, 쇼핑과 같은 소비는 이미 '선택적 소비'가 아니라 생활의 일부가 되어버렸다. 즉 과거에는 변동 지출이었던 항목들이 지금 세대에게는 사실상 고정 지출이 된 것이다. 따라서 부모 세대를 보며 '나도 나중에 은퇴하면 안 쓰고 안 입고 살면 되겠지'라고 생각하는 것은 매우 위험한 생각이다.

③ 돈만 있으면 노후 문제는 해결된다는 고정 관념

세 번째 고정 관념은 돈만 있으면 노후 문제는 모두 해결된다는 생각이다. 물론 돈이 중요한 것은 사실이다. 하지만 돈만 있고 은퇴를 제대로 설계하지 못해 어려움을 겪는 사례도 많다.

은퇴 준비란 단순히 돈을 모으는 문제가 아니다. 은퇴 이후 '어디서(where) 살 것인지' '누구(who)와 함께할 것인지' '무엇(what)을 하며 살아갈 것인지'를 준비하는 종합적인 삶의 설계 과정이다.

우리가 느끼는 행복은 의외로 어느 정도의 고통과 노력에서 오는 경우가 많다. 옛말에 고진감래(苦盡甘來)라는 말이 있다. 고생 끝에 낙이 온다는 뜻이다. 1년 내내 파티와 여행만 계속하는 삶이 진정한 행복이 아닐 수 있다는 말이다.

'돈쭐남'의 지인 중 충분한 돈과 시간이 있어 세계여행을 떠난 세 사람이 있었다. 하지만 놀랍게도 3명 모두 원래 계획했던 여행 일정을 다 마치지 않고 돌아왔다. 매일 회사에 출근하며 일

딱 50부터 노후 준비합시다

로부터 해방되기를 꿈꾸는 사람들에게는 이해하기 어려운 일일 수 있다. 하지만 그들이 돌아온 이유는 단순했다. 여행이 더 이상 즐겁지 않았기 때문이다.

인생의 의미를 찾을 수 있는 적절한 수고와 노력, 그리고 어느 정도의 고생이 있어야 우리는 진정한 삶의 행복을 느낀다. 그런 의미에서 인생 2막이라 할 수 있는 은퇴 이후의 삶에는 돈뿐만 아니라 삶의 의미와 성취감을 함께 느낄 수 있는 인생 설계가 반드시 필요하다.

따라서 은퇴 이후의 삶을 위해서는 '재정적인 준비' '사회 활동의 준비' '삶의 의미를 찾는 준비'라는 3가지 관점에서 진지하게 고민하고 철저한 준비가 필요하다. 성공적인 은퇴 준비를 위해서 돈쭐남은 최소 퇴직 10년 전부터 은퇴 준비를 시작할 것을 권한다.

이 책을 읽으며 자신의 삶을 돌아보고 앞으로의 계획을 세우기 시작하는 순간, 그것이 바로 진짜 은퇴 준비의 시작이다. 그렇게 여러분의 은퇴 준비는 지금 이 순간부터 시작된다.

– 머니 트레이너 김경필(돈쭐남)

1장

당신이 알던 노후 계산기는 틀렸다

우리의 노후가 불안정한 이유

노후를 버티는
힘 키우기

시간을 내 편으로
만드는 투자법

5장

덕업일치로 새롭게
시작하는 인생 2막

당신이 알던 노후 계산기는 틀렸다

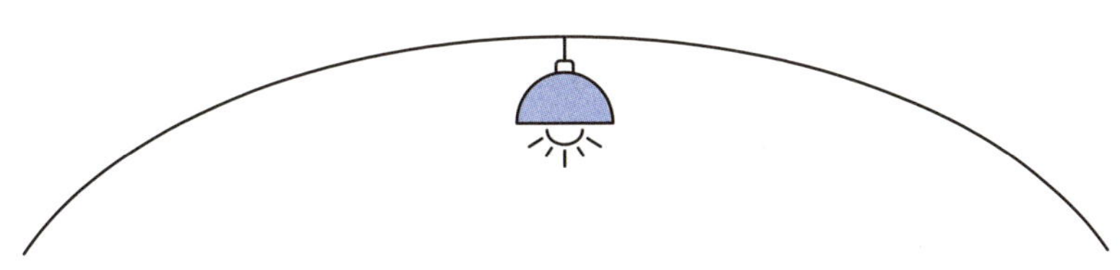

우리가 꿈꾸는 안정된 노후는 3가지가 변하지 않아야 한다

여러분은 안정된 노후 생활의 모습을 구체적으로 그려본 일이 있는가? 그리고 '안정된 노후'의 의미에 대해 구체적으로 생각해본 적 있는가? 우리가 막연하게 꿈꾸는 미래를 현실로 만들기 위해서는, 가장 먼저 그것이 무엇인지 정확하게 정의하는 과정이 선행되어야 한다. 물론 개개인이 처한 상황이나 가치관에 따라 그 구체적인 모습은 다를 수 있다. 그럼에도 누구에게나 적용되는 보편적이고 필수적인 공통분모는 분명 존재한다.

돈쭐남은 안정된 노후의 핵심 조건을 '3가지 불변(不變)'에 있다고 정의한다. '안정'이라는 단어 자체가 내포하듯이, 인간은 본능적으로 새로운 변화를 두려워 한다. 특히 도전과 열정이 가득했던 청춘의 시기를 지나, 삶의 수많은 파고를 넘고 다다른 60대 이후에는 더욱 그러하다. 이미 익숙해진 삶의 방식을 버리고 낯선 환경에 적응하는 것은 결코 쉬운 일이 아니기 때문이다. 따라서 우리가 노후에 추구해야 할 진정한 안정은 다음의 3가지의 불변으로 구체화할 수 있다.

① 사는 곳의 불변

*

안정된 노후를 위한 첫 번째 조건은 '사는 곳의 불변'이다. 인간은 근본적으로 변화를 두려워한다. 특히나 노후에 급격한 환경 변화를 좋아할 사람은 많지 않다. 최근 다수의 노화 연구에서도 '웰에이징(Well-aging)'을 강조하며, 그 실천 전략 중 하나로 '에이징 인 플레이스(Aging in place)'가 중요하게 논의되고 있다(에이징 인 플레이스란 자신이 평생 살아온 익숙한 주거 환경과 사회적 관계를 유지하며 노후를 보내는 것을 의미한다).

하지만 주택이 가계 자산의 80% 이상을 차지하는 대한민국

　딱 50부터 노후 준비합시다

의 현실에서, 거주지를 옮기지 않고 노후를 보내기란 결코 쉬운 일이 아니다. 지속적인 현금 흐름이 없다면 '사는 곳의 불변'은 불가능에 가깝기 때문이다. 고가의 주택을 보유해서 주위에 부러움을 사는 사람들도, 사실상 속내를 들여다보면 달랑 그 집 한 채만 있는 경우가 많다. 현실적으로 소득이 끊긴다면 소득 공백을 메우기 위해 주거비를 줄일 수밖에 없다. 그래서 안정된 노후를 위해 우리가 넘어야 할 첫 번째 산은 '거주지를 바꾸지 않고 어떻게 노후 준비를 할 것인가' 하는 문제다.

② 소비의 불변

*

두 번째 조건은 '소비의 불변'이다. 은퇴 후에는 소득이 줄거나 아예 사라지는 '소득 절벽'을 경험하게 된다. 사실 이 지점은 노후를 생각할 때 가장 답답하고 한숨이 나오는 대목이기도 하다. 그 누구도 지금보다 생활 수준이 낮아지는 것을 원치 않고, 그 수준을 낮추는 일도 결코 쉽지 않다. 따라서 최소한 현재의 생활 수준, 즉 '소비의 규모'가 변하지 않아야만 비로소 안정된 노후 생활이라 할 수 있다.

③ 자산의 불변

✳

세 번째 조건은 '자산의 불변'이다. 은퇴를 앞둔 한국인이 보유한 자산을 살펴보면 대부분의 자산이 주택 한 채에 집중되어 있는 경우가 많다. 이처럼 현금 흐름이 부족하고 자산에서 부동산 비중이 기형적으로 높은 상황에서, 앞서 언급한 첫 번째 조건(사는 곳의 불변)과 두 번째 조건(소비의 불변)을 동시에 충족할 수 있는 현실적인 대안으로 거론되는 것이 바로 '주택연금'이다. 내 집에 계속 살면서 연금을 받아 생활비를 충당할 수 있으니 이론적으로는 훌륭한 해법처럼 보인다.

하지만 현실에서 주택연금의 인기는 생각보다 높지 않다. 그 이유는 무엇일까? 물론 경제적 이유도 있다. 여러 차례 부동산 가격의 급등으로 부동산 가격이 장기적으로 우상향해 왔다. 이 때문에 앞으로도 자산가치가 더 상승할 것이라는 기대 심리가 여전히 강하다.

하지만 주택연금이 인기를 얻지 못하는 근본적인 원인은 사실 '자산 감소가 주는 심리적 상실감'에 있다. 주택연금은 엄밀히 말해 내 집을 담보로 연금 형식으로 받는 '대출'이다. 주식의 배당금이나 예금의 이자, 혹은 부동산 임대소득처럼 '원금'은 그대로 둔 채 수익만 취하는 구조가 아니다. 매달 생활비를 받을 때마다 내 자산의 총량이 줄어드는, 마치 내 집의 벽돌을 한 장 한 장 빼서 생활비로 쓰는 것과 같은 느낌을 지울 수 없다. 이는 원금이 줄어드는 것을 극도로 기피하는 한국인 특유의 '원금 보존 본능', 그리고 먼 훗날 자녀에게 번듯한 집 한 채만큼은 온전히 물려주고 싶어 하는 부모의 마음과 정면으로 배치된다. 결국 '자산의 불변' 욕구가 해결되지 않으면 진정한 심리적 안정감을 얻기 어렵다는 뜻이다.

정리하면 돈쭐남이 정의하는 '안정된 노후 생활'이란, 앞서 언급한 3가지 불변이 모두 보장되는 상태를 의미한다. 이를 한 문장으로 정리하면 다음과 같다.

안정된 노후 생활의 정의

자신이 살던 곳인 익숙한 환경에서 자산의 감소 없이 지금의 생활 수준을 유지할 수 있는 삶

물론 이를 현실에서 완벽하게 구현하는 일은 결코 쉽지 않다. 누군가는 굳이 이렇게까지 3가지를 다 지켜야 하느냐며, 상황이 닥치면 다 어떻게든 적응하며 살게 된다고 반문할 수도 있다.

물론 이 3가지를 조금씩 양보한다면 노후 생활을 준비하는

데 수월할 수 있다. 살던 집을 굳이 고집하지 않고 집을 줄여서 같은 생활권으로 이사를 가는 방법이 있다. 더 나아가 자녀에게 집을 물려주지 않겠다는 결심만으로도 더 많은 현금 흐름을 창출할 수 있을 것이다(주택연금도 하나의 선택지가 될 수 있다). 상황에 따라 삶의 방식을 조절하는 것은 결코 잘못된 일이 아니다.

노후를 맞이했을 때 상황에 떠밀려 어쩔 수 없이 적응하는 수동적인 삶을 살 것인지, 아니면 원하는 삶을 스스로 설계할 것인지를 선택해야 한다. 지금 우리가 '안정된 노후'를 엄격하게 정의해 보는 이유는 단순히 이상을 꿈꾸기 위해서가 아니다. 우리 삶의 후반전을 불확실성에 방치하지 않고, 이 목표를 달성하기 위해 지금 당장 무엇을 준비해야 하는지 능동적으로 고민하기 위함이다.

　　　　　　　　　　　　딱 50부터 노후 준비합시다

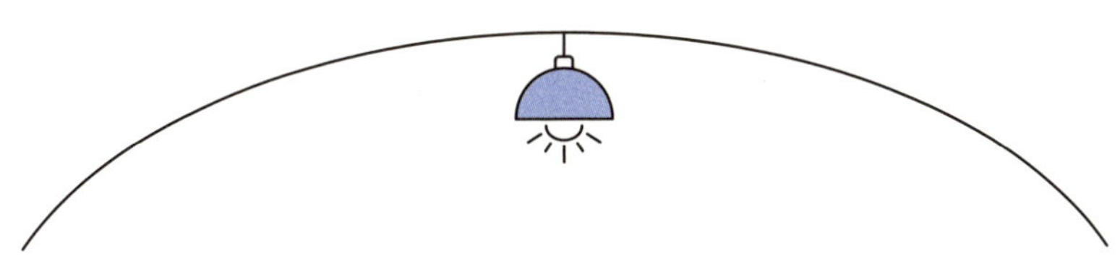

당신의 노후생활비가
2배로 증가하는 이유

앞서 안정된 노후 생활을 정의하며 '소비의 불변'을 필수 조건으로 꼽았다. 그렇다면 이제 조금 더 현실적이고 구체적인 질문을 던져보겠다. 은퇴 후 우리의 월 생활비는 지금보다 줄어들까, 아니면 늘어날까?

'소비의 불변'이라는 조건을 글자 그대로 해석하면, 지금 사용하는 월 생활비 규모가 노후에도 똑같이 유지되어야 한다는 뜻으로 들릴 수 있다. 하지만 여기서 현실적인 의문이 생긴다.

은퇴와 동시에 소득은 줄거나 아예 끊기는 '소득 절벽'을 맞이하게 되는데, 어떻게 현재의 소비 규모를 그대로 유지할 수 있단 말인가?

이 난제를 풀기 위한 힌트는 '현재는 생활비에 포함되지만, 노후에는 자연스럽게 빠지는 비용'을 찾아내는 데 있다. 만약 이 항목을 명확히 구분해 낼 수 있다면, 우리는 '현재의 생활 수준'은 그대로 유지하면서도, 실질적인 생활비 총액은 줄이는 현명한 해법을 찾을 수 있다. 지금부터 그 내용을 구체적으로 살펴보겠다.

현재 생활비에는 있지만
노후생활비에서 사라지는 비용

*

우선 노후에는 사회적 비용이 감소할 것을 예상해 볼 수 있다. 은퇴 후에는 현직에 있을 때처럼 왕성한 사회 활동을 하지 않으므로 경조사비 지출이 줄어들 가능성이 높다. 의무감에 냈던 지인들의 결혼식 축의금이나, 직장 동료들의 생일에 꼬박꼬박 보내던 기프티콘 비용 등이 감소하기 때문이다. 하지만 냉정하게 말해, 이러한 비용이 줄어든다고 해서 가계 경제의 판도가 바뀌

    딱 50부터 노후 준비합시다

지는 않는다.

노후생활비에서 눈에 띄게 빠지게 되는 비용은 따로 있다. 돈쭐남이 <국민 영수증>, <하이엔드 소금쟁이> 등 다수의 경제 예능 프로그램에 출연하며 수많은 사람의 가계부를 들여다본 결과, 대한민국 가계 경제를 짓누르는 공통적인 지출 항목이 하나 있었다. 바로 '대출 이자'다.

2025년 6월 한국은행이 발표한 자료에 따르면, 국내 가계대출 잔액은 무려 1,833조 원에 달한다. 여기에 평균 대출 금리 4%를 단순 적용하면 연간 이자 비용은 78조 원으로 추정되며, 이를 2,229만 가구(2024년 기준 국내 전체 가구 수)로 나누면 가구당 연간 약 330만 원을 오직 이자를 상환하는 데 지출하고 있다는 계산이 나온다. 이것이 '평균'이라는 점을 감안하면, 실제 주택담보대출 등을 보유한 3040 세대가 체감하는 이자 부담은 이보다 훨씬 클 것이다.

누구나 은퇴 전까지는 모든 대출을 상환하고, 빚으로부터 자유로운 노후를 꿈꾼다. 그리고 실제로 몇십 년간 성실히 상환해 온 결과, 은퇴 시점에는 대출이 상당 부분 정리될 가능성이 크다. 계획대로만 된다면, 매달 월급 통장을 스치듯 빠져나가던 막대한 금융 비용은 노후생활비에서 상당 부분 사라지게 될 것이다.

대출 이자 못지않게 가계 경제를 위협하는 또 다른 지출 항목은 바로 '교육비'다. 자녀를 둔 부모라면 누구나 공감하겠지만, 사교육비는 부모의 등골을 휘게 만드는 주범이다. 다행히 자녀가 성장해 독립한 노후에는 이 비용 또한 자연스럽게 사라질 것을 기대할 수 있다.

최근 증가하는 비혼 가구 역시 교육비 부담으로부터 예외는 아니다. 자녀 사교육비는 없을지라도, 자기 계발이라는 명목으로 지출되는 비용이 만만치 않기 때문이다. 물론 헬스, 요가, 필라테스 같은 운동 수업 비용이나 악기, 미술 등 취미 생활을 위한 학원비는 엄밀히 말해 교육비라기보다 '문화·레저비'에 가깝다. 하지만 이 또한 은퇴 후 소득 상황에 맞춰 조정되거나 줄어들 여지가 충분한 비용들이다.

그 밖에 본인의 라이프 스타일에 따라 지금은 생활비에 포함되어 있지만 노후에는 줄어들거나 사라질 수 있는 항목들을 점검해 볼 필요가 있다. 예를 들어 부모님께 매월 생활비를 드리는 사람이라면 본인이 노후 생활로 접어들고 훗날 부모님이 돌아가시게 되면, 그만큼 지출이 줄어든다. 또 지방 근무로 부득이하게 주말 부부로 지내고 있다면, 은퇴 후 각 집 살림을 청산하고 합가하게 되므로 그동안 이중으로 들던 비용들이 줄어들게 된다.

　　　　　딱 50부터 노후 준비합시다

기본 노후생활비 계산법

자, 그러면 간단히 기본 노후생활비를 계산해 보자. 앞서 말한 라이프 스타일에 따라 노후에는 더 이상 지출하지 않는 생활비를 A라고 해보자.

1단계: 기본 노후생활비 산출

노후생활비 = 현재 월 생활비 − (대출 원리금 + 교육비 + A)

(A: 부모님 생활비, 주말 부부의 이중 생활비 등 개인별 감소 항목)

이 계산식만 보면 노후생활비는 감소한다는 긍정적인 시나리오가 예상된다. 그리고 많은 사람이 이런 시나리오를 기대한다. 하지만 여기서 방심하면 안 된다. 많은 예비 은퇴자가 간과하고 있지만, 실제 은퇴자들이 가장 크게 체감하는 '노후생활비를 증가시키는 요인'이 남아 있기 때문이다.

노후생활비를 증가시키는 결정적인 요인

✳

일반적으로 소득이 사라지면 어떻게든 허리띠를 졸라매고 소비를 줄일 것이라 생각한다. 하지만 이는 '시간의 비용'을 계산에 넣지 않은 막연한 추측이다. 실제 노후생활비가 예상보다 늘어나는 가장 큰 원인은 '여가 시간의 폭발적인 증가'에 있는데 말이다.

냉정하게 계산해 보자. 현역 시절의 우리는 '5일 근무, 2일 휴식'이라는 시스템 속에서 살아가고 있다. 주말과 명절, 여름 휴가 등 모든 휴무일을 합쳐도 1년 중 우리가 여가 생활을 즐길 수 있는 날은 약 120~130일, 전체의 35% 수준에 불과하다. 다시 말해 우리가 현재 사용하는 생활비는 제한된 여가 시간 안에 소비되는 금액이다. 반면 은퇴 후의 삶은 어떤가? 평일에 출근할 의무가 사라지니 사실상 1년 365일이 여가 시간으로 바뀐다.

앞서 우리는 안정된 노후의 조건으로 '현재의 소비 수준 유지'를 꼽았다. 만약 여러분이 현재 주말마다 골프를 치거나, 여행을 가거나, 맛집을 탐방하는 라이프 스타일을 갖고 있다고 가정해 보자. 은퇴 후 늘어난 시간만큼 이 활동을 빈번하게 즐긴다면 어떻게 될까? 당연히 노후생활비는 기하급수적으로 늘어날 수밖에 없다.

현재 여가 생활의 비중이 높은 사람일수록, 여가 시간의 증가는 곧 생활비의 증가로 직결된다. 전문가들이 노후생활비를 계산할 때, 단순히 줄어드는 항목만 뺄 게 아니라 라이프 스타일에 따라 1.5배에서 최대 2배의 승수 효과를 적용해야 한다고 경고하는 이유가 바로 여기에 있다. 이를 반영해 최종적인 노후생활비 계산식을 수정하면 다음과 같다.

2단계: 최종 노후생활비 산출

최종 노후생활비 = (현재 월 생활비 − 대출 원리금 − 교육비 − A) × 1.5 ~ 2.0

(A: 부모님 생활비, 주말 부부의 이중 생활비 등 개인별 감소 항목)

이 계산식에 맞춰서 자신의 노후생활비를 계산해 보자. 여러분의 노후생활비는 얼마나 늘어나는가? 아니면 얼마나 줄어드는가? 이 계산을 철저하게 해보게 된다면 이제야 비로소 현실적인 숫자와 처음 마주하게 되는 거고, 그제서야 여러분의 노후 준비가 진정으로 시작되는 것이다. 계산한 노후생활비 금액을 아래에 적어보자.

나의 노후생활비 계산하기

(현재 월 생활비 _________원 − 대출 원리금 _________원

− 교육비 _________원 − A _________원) × 1.5 ~ 2.0

= 최종 노후생활비 _________원

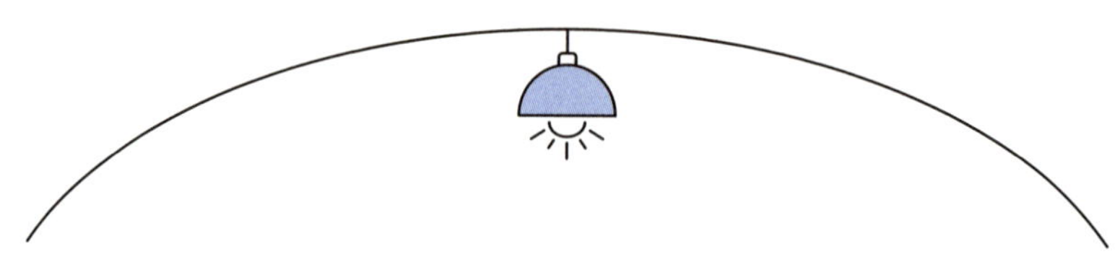

노후생활비는 얼마나 부족할까?

본인의 정확한 노후생활비를 계산해 봤다면 그 다음에는 부족한 노후생활비는 얼마나 되는지 계산해 봐야 한다. 이를 위해서는 은퇴 이후 지금의 소득 대신 노후생활비를 충당해 줄 소득원을 확인해 봐야 한다. 노후소득에서 필요한 노후생활비를 제외한 만큼이 부족분이기 때문이다. 계산해 보면 알겠지만 생각보다 우리의 노후생활비는 많이 부족하다.

노후 현실 마주하기

✳

올해 55세인 이정철 씨(가명)는 28년간 전력회사 현장관리자로 재직 중이며 정년까지 5년이 남았다. 그간 가족은 천안에 거주했고 본인은 충남 보령에 근무하는 주말부부 생활을 해왔다. 자녀 2명은 이제 대학생이라 곧 독립할 예정이다. 현재 자산과 부채 그리고 소득과 소비 현황은 다음과 같다.

◆ **이정철 씨의 자산과 부채 현황**

자산	부채
부동산 · 천안 아파트(거주): 5억 5,000만 원 · 평택 빌라(임대): 1억 8,000만 원 **금융 자산** · 예금: 7,200만 원 · 주식: 5,300만 원 · 개인연금: 4,500만 원 **기타 자산** · 보령 오피스텔 임대 보증금: 1,000만 원 **총 자산: 9억 1,000만 원**	**주택 담보대출** · 천안 아파트: 1억 원 **임대 보증금** · 평택 빌라: 3,000만 원 **총 부채: 1억 3,000만 원**
순자산: 7억 8,000만 원	

◆ **이정철 씨의 소득과 소비 현황**

소득	• 세후 연 소득: 9,650만 원 • 월평균 소득: 804만 원
고정 지출	• 천안 아파트 관리비 및 공과금: 35만 원 • 천안 아파트 주택담보대출 원리금: 58만 원 • 보령 오피스텔 월세: 35만 원 • 부모님 생활비: 30만 원 • 자녀 용돈: 60만 원 • 가족 생활비(3인): 100만 원 • 이정철 씨 생활비와 용돈: 50만 원 • 보험료: 35만 원 **합산: 403만 원**
변동 지출	• 외식비: 50만 원 • 쇼핑비(생활용품): 50만 원 • 문화·레저비(부부 골프): 120만 원 • 경조사비: 30만 원 • 여행비, 각종 이벤트비 등: 30만 원 **합산: 280만 원**
저축 및 투자	• 비정기적 투자: 50만 원 • 개인연금: 30만 원 **합산: 87만 원**
월 수지: +34만 원(흑자)	

이정철 씨의 재무 현황을 언뜻 보면 상당히 안정적이다. 세후 연봉이 약 1억 원에 달하는 고소득자이며, 자녀들은 성년이 되어

교육비 부담이 상당히 줄어들었다(용돈 부담은 있다). 1억 3,000만 원의 부채가 있긴 하지만 9억 1,000만 원에 달하는 자산 규모 대비 과도하지 않다. 매달 고정비와 변동비를 넉넉하게 쓰고도 저축할 여력이 있으며, 소액이지만 잉여소득(34만 원)까지 있다. 겉보기에는 노후 걱정이 전혀 없을 것 같은 완벽한 조건이다.

하지만 과연 그럴까? 우리가 앞서 정의한 '안정된 노후 생활(3가지 불변)'의 기준을 들이대는 순간, 이 완벽해 보이는 성은 모래성처럼 위태로워질 수 있다. 표면적인 숫자에 속지 말고, 앞서 도출한 '노후생활비 계산식'을 이정철 씨의 사례에 냉정하게 대입해 보자.

이정철 씨의 기본 노후생활비

현재 월 생활비 683만 원 − 대출 원리금 58만 원

− 교육비 60만 원 − A 115만 원

= 노후생활비 월 450만 원

(A: 부모님 생활비 30만 원 + 보령 오피스텔 월세 35만 원 + 이정철 씨 생활비와

용돈 50만 원 = 115만 원)

라이프 스타일에 따라 자연스럽게 사라질 A는 115만 원이다. 즉 고령이신 부모님 생활비(30만 원)는 앞으로 자연스럽게 사라

질 부분이며, 이정철 씨가 은퇴 후 합가를 하게 되면 주말 부부 생활을 위해 지출하던 보령 주택 월세(35만 원)와 별도로 나가던 이정철 씨의 생활비 및 용돈(50만 원)도 더 이상 필요 없게 된다.

이러한 비용들을 모두 제외하면, 부부가 지금의 생활 수준을 그대로 유지한다는 가정하에 필요한 기본 생활비는 현재가치로 매월 450만 원이라는 결론이 나온다. 하지만 이게 끝이 아니다. 여기에는 가장 중요한 변수인 '늘어나는 여가 시간의 가중치'가 적용되지 않았기 때문이다.

이제 최종 노후생활비를 산출해 보겠다. 월요일부터 금요일까지 출근하고 주말에만 여가 생활을 즐기던 이정철 씨가 은퇴 후 일주일 내내 회사를 가지 않게 되니, 현재의 생활 수준을 유지한다는 전제하에 보수적으로 계산하더라도 최소 1.5배 정도의 여가 생활 가중치를 적용해야 한다. 이를 반영해서 계산하면 노후생활비는 오히려 늘어나게 된다.

이정철 씨의 최종 노후생활비

기본 노후생활비 450만 원 × 여가 가중치 1.5

= 최종 노후생활비 월 675만 원

결과적으로 은퇴 이후 늘어난 시간을 고려하면 이정철 씨는 노후에 월 675만 원이 필요하게 된다. 이는 현재 생활비(683만 원)보다 오히려 더 높은 금액이다.

**현실을 직시했다면
이제 노후 계산기를 두드릴 시간**

＊

필요한 노후생활비(월 675만 원)를 파악했다면, 이제는 가진 자원으로 이를 얼마나 감당할 수 있는지 확인할 차례다.

① 연금소득

은퇴 후 소득 절벽을 메워줄 가장 확실한 수단은 바로 '3층 연금(국민연금, 퇴직연금, 개인연금)'이다. 연금별로 예상 수령액을 조회하고, 노후생활비 대비 준비율을 점검해야 한다.

국민연금 예상 수령액 조회

공적연금에는 국민연금, 공무원연금, 사학연금, 군인연금이 있다. 공무원, 교원, 군인으로 20년 이상 복무한 특수 직역을 제외하면, 대부분의 직장인은 국민연금 가입 대상자다. 따라서 가장 먼저 국민연금에서 지급하는 노령연금 예상 수령액을 확인해야

◆ 국민연금공단 홈페이지에서 노령연금 예상액 조회

●●●●● 고객님

2054년 6월(65세) 부터 받게 될 예상연금액은
매월 1,053,480원 입니다.

· 위 금액은 향후 소득과 물가가 변동없는 것으로 가정하여 산정합니다.
· 현재 납부중인 분은 가입된 소득으로 60세까지 납부를 가정하며, 납부가 중단된 분은 납부된 내역만을 반영합니다.
　(60세 이상 가입중인 분은 납부기간이 10년 이상인 경우 조회월까지 납부 가정, 10년 미만인 경우 10년이 되는 월까지 납부를 가정합니다.)

지사 연락처 알아보기

예상 노령연금액

	예상 노령연금액	연금 받는 시기⑦	예상 납부보험료⑦	예상 납부월수	예상 가입기간
세전	월 1,076,310원	2054년 6월	총 134,035,940원	총 381개월	2015년 05월 ~ 2049년 05월
세후	월 1,053,480원 (연 12,641,760원)				

· 현행 국민연금 제도에 의해 반영된 내용으로 향후 법령 개정 시 연금받는 나이, 산정금액 등이 달라질 수 있습니다.

※ 이해를 돕기 위한 자료로 이정철 씨 예상 수령액 아님

한다.

　국민연금공단 홈페이지에 로그인한 후 '노령예상연금액 조회'를 선택하면 현재가치로 계산된 노령연금 예상액을 조회할 수 있다. 확인해 보니 65세(1969년 1월 1일 출생자부터는 65세부터 국민연금을 수령할 수 있다)부터 이정철 씨가 받게 될 노령연금 예상액은 월 1,734,590원으로, 이 금액은 이정철 씨가 필요한 월 노후생활비의 25.7%에 해당하는 큰 금액이다. 국민연금이 생활비의 4분의 1 정도를 해결해 줄 수 있는 셈이다.

퇴직연금 예상 수령액 조회

퇴직연금은 공적연금과 달리 변수가 많다. 퇴직금 중간 정산 여

부, 연금 수령 방법(일시금 vs. 연금), 최종 근무 기간 , 그리고 연금 운용 성과에 따라 최종 금액이 달라지기 때문에 100% 정확한 금액을 예측하기는 어렵다. 하지만 다음 3가지 방법을 통해 그 수준을 가늠해 볼 수는 있다.

퇴직연금 예상 수령액 확인법

- 재직 중인 회사 인사팀: 가장 직접적인 방법으로, 현재 재직 중인 회사의 인사팀에 문의하면 확인할 수 있다.
- 퇴직연금 사업자 홈페이지: 회사가 가입한 퇴직연금 사업자의 홈페이지에서 확인할 수 있다.
- 금융감독원 홈페이지: 금융감독원 홈페이지 내 통합연금포털에서 연금 정보를 한 번에 확인할 수 있다.

확인해 보니 60세부터 이정철 씨가 받게 될 퇴직연금 예상액은 월 1,434,780원이었다. 이 금액은 이정철 씨가 필요한 월 노후생활비의 21.3%에 해당하는 금액이다.

개인연금 예상 수령액 조회

개인연금 역시 연금 수령 방법, 잔여 납입 기간과 연금 운용 성과에 따라서 달라질 수 있다. 개인연금을 가입한 사업자의 홈페이지에서 예상 연금액을 확인할 수 있다. 앞으로 5년간 월 30만 원을 더 납입하고 65세부터 연금 수령 개시를 가정했더니 월 수령액은 월 41만 원 정도였다. 이 금액은 이정철 씨가 필요한 월 노후생활비의 6.1%에 해당하는 금액이다.

② 임대소득

이정철 씨는 연금 외에도 평택에 보유한 빌라에서 월세, 즉 임대소득이 있다. 월세 60만 원(보증금 3,000만 원 별도)을 받고 있으므로, 이는 노후생활비의 9%를 충당한다.

이제 3층 연금에 임대소득까지 모두 합산해 보자.

연금소득 358만 원 + 임대소득 60만 원 = 월 소득 418만 원(준비율 62%)

그간 이정철 씨는 꽤 탄탄하게 노후 준비를 해왔다고 자부했겠지만, 이처럼 현실은 냉정하다. 모든 소득을 끌어모아도 목표 노후생활비(675만 원)의 62%만 채웠을 뿐, 여전히 38%(257만 원)가 부족하다. 이 부족한 돈을 어디서 마련해야 할까? 결국 보유한 자산을 굴려 자본소득을 만드는 수밖에 없다.

③ 그밖에 활용할 수 있는 자산으로 발생하는 자본소득

자본소득 계산을 위해 우선 이정철 씨의 순자산 규모를 정확히 파악해 보자.

◆ 이정철 씨의 자산과 부채 현황

자산	부채
부동산 • 천안 아파트: 5억 5,000만 원 • 평택 빌라(임대): 1억 8,000만 원 **금융 자산** • 예금: 7,200만 원 • 주식: 5,300만 원 • 개인연금: 4,500만 원 **기타 자산** • 보령 오피스텔 임대 보증금: 1,000만 원 **총 자산: 9억 1,000만 원**	**주택담보대출** • 천안 아파트: 1억 원 **임대 보증금** • 평택 빌라 보증금: 3,000만 원 **총 부채: 1억 3,000만 원**
순자산: 7억 8,000만 원	

순자산이 7억 원을 넘으니 든든해 보일 수 있다. 하지만 여기에는 치명적인 함정이 있다. 우리가 앞서 정의한 '안정된 노후의 첫 번째 조건(사는 곳의 불변)'을 지키려면, 현재 거주 중인 천안 아파트(5억 5,000만 원)는 노후생활비 재원에서 제외해야 한다.

또한 평택 빌라 역시 이미 월세 60만 원을 소득원으로 계산했으므로 매도할 수 없다.

놀랍게도 7억 원대 자산가인 이정철 씨가 노후에 손에 쥐고 흔들 수 있는 돈은 예금(7,200만 원) + 주식(5,300만 원), 고작 1억 2,500만 원뿐이다. 이 돈을 예금이든 부동산이든 주식이든 어딘가 투자한다 가정했을 때 리스크를 얼마나 감수할 수 있는가에 따라 수익은 달라지겠지만, 예금과 같은 안정적인 투자 방법을 선택한다면 2.5% 수준, 공실의 위험성을 감수하고 부동산에 투자한다면 4~5% 수준, 더 큰 원금의 변동성을 감수하고 주식에 투자한다 하더라도 4~5% 수준의 자본수익을 바라볼 수 있다.

최근 미국 배당주처럼 연 10%에 육박하는 수익률을 자랑하는 투자 상품도 있지만, 노후생활비는 무엇보다 '장기적인 안정성'이 최우선이다. 따라서 현실적인 목표 수익률인 연 4~5% 수준을 적용해 봐도 월 소득은 40만 원 수준(연 수익률 4.5%)에 그쳐, 부족한 월 257만 원에는 크게 미치지 못한다.

이처럼 현실적으로 노후생활비를 계산해 보면, 자가(自家)와 임대소득까지 갖춘 꽤 좋은 조건의 은퇴자조차 노후생활비가 부족하다는 사실을 알게 된다. 물론 '부족한 돈에 맞춰서 생활하면 되는 것 아니겠는가?'라고 생각할 수도 있다. 하지만 지금 우리는 안정된 노후라는 대전제의 목표를 향해 그 준비를 논하고 있기 때문에 '현재의 주거 환경을 자산 감소 없이 그대로 지킨다'는 전제가 깔려 있다는 점을 기억하자. 이것이 바로 은퇴를 앞둔 세대가 직면한 풀기 어려운 숙제이기도 하다.

15억 원짜리 아파트에 살지만 쓸 돈은 60만 원뿐인 현실

*

얼마 전, 서울에 시세 15억 원짜리 아파트를 소유한 은퇴자가 사실상 '하우스 푸어'나 다름없다는 한 언론 보도가 온라인 커뮤니티를 뜨겁게 달궜다. 기사 제목만 보면 의아할 수 있겠지만, 구체적인 사정을 들여다보면 고개가 끄덕여진다.

서대문구에 거주하는 69세 A씨는 대략 10년 전 주택담보대출 2억 5,000만 원을 받아 7억 5,000만 원에 45평 아파트(전용 120m²)를 매수했다. 집값은 현재 15억 원 가까이 올랐지만, 남은 대출금이 1억 4,000만 원이다. A씨의 유일한 소득원은 국민연금이었는데, 이마저도 월 250만 원이 전부다. 월 150만 원 가량의 대출 원리금뿐만 아니라 관리비, 각종 공과금을 내고 나면 A

씨가 실제로 손에 쥐는 생활비는 고작 월 60~70만 원이다. 하지만 자산이 15억 원이라는 이유로 기초연금 대상에서 제외되어 전형적인 하우스 푸어의 삶을 살고 있다.

– 〈중앙일보〉(2025년 8월 21일)

이런 모습은 은퇴를 앞둔 5060 세대, 그리고 이미 은퇴한 70대 사이에서 흔히 볼 수 있는 풍경이다.

지금 당장 노후 계산기를 두들겨 보자. 여러분의 노후생활비와 그 부족분은 얼마나 되는가?

나의 부족한 노후생활비 계산하기

(현재 월 생활비 __________원 – 대출 원리금 __________원

– 교육비 _________원 – A _________원) × 1.5 ~ 2.0

= 최종 노후생활비 __________원

최종 노후생활비 _________원 – 노령연금액 __________원

– 퇴직연금액 __________원 – 개인연금액 __________원

– 그밖에 노후 자산의 자본수익 _________원

= 부족한 노후생활비 __________원

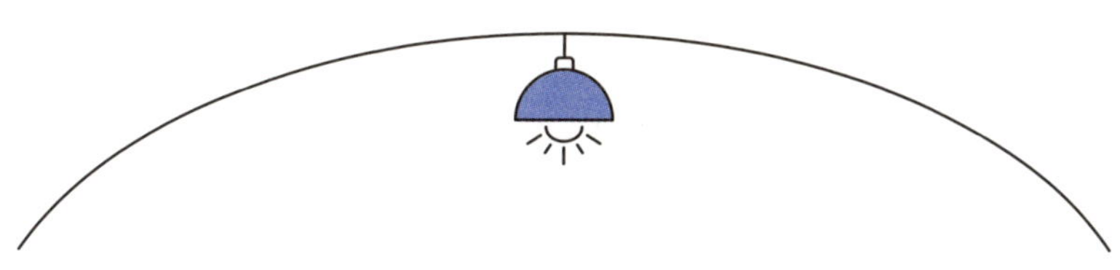

퇴직금 5억 원의
유효 기간은 단 15년

얼마 전 은행에 취업한 대학 선배를 오랜만에 만나 점심을 함께 하며 이야기를 나눌 기회가 있었다. 선배는 은행에 30년 넘게 재직 중인데, 이제 은퇴를 2년 정도 앞두고 있었다(정년은 60세다).

몇 해 전, 은행에서 대대적인 희망퇴직 프로그램이 있었는데 그때 25년 이상 재직했던 동기 중 꽤 많은 수가 희망퇴직을 선택했다고 한다. 남은 정년까지 임금의 70% 가까이를 일시금으로 보장해 주는 기회이다 보니 많은 사람이 희망퇴직을 선택한 것이다.

하지만 선배는 돈을 떠나 막상 은퇴하고 나면 무엇을 해야 할지 걱정이 앞서 망설이다가 신청 시기를 놓쳤다고 한다. 선배는 퇴직 후 경제 활동을 전혀 하고 싶지 않았는데 50대에 은퇴하면 남은 생애가 길어서 정년을 채우기로 했다고 한다.

은퇴 후 경제 활동을 하지 않겠다는 이유는 단순했다. 평소 검소한 생활을 해 생활비가 많이 들어가지 않으니, 은퇴 후에는 좋아하는 등산이나 여행으로 소소하게 시간을 보내고 싶었기 때문이다.

또한 퇴직금 중간 정산으로 퇴직금 자체는 많지 않지만, 그동안 가입해 둔 각종 금융 상품과 합하면 2년 후에는 얼추 5억 원이나 되기 때문에 노후생활비 걱정은 크게 없을 것이라 생각했다.

현재 자녀들도 모두 독립했고, 대출 하나 없이 소유하고 있는 경기도 다산 신도시 아파트에서 거주하고 있다. 아내는 전업주부이지만 여러 봉사 활동으로 바빠서 쇼핑할 시간조차 없다고 한다. 적은 돈이지만 아내도 소일거리로 돈을 벌고 있었고, 은퇴하면 아내에게 생활비로 월 350만 원만 보장하기로 사전에 약속을 한 터라, 5억 원이면 노후에 더 이상 경제 활동 없이 지낼 수 있을 것으로 믿고 있었다.

현금 5억 원이 입이 떡 벌어질 정도로 큰 금액인 건 사실이다. 대한민국에서 빚 없는 집 한 채와 이렇게 큰 금액의 노후 자금을 갖고 은퇴할 수 있는 사람이 과연 몇이나 될까? 더 이상 경제 활동을 하지 않겠다는 선배의 마음도 충분히 이해가 되었다.

하지만 과연 선배는 5억 원으로 은퇴 후 언제까지 버틸 수 있을까? 선배의 대략적인 재무 상황을 바탕으로 간단히 계산해 보기로 했다.

◆ **선배의 재무 현황**

부동산	소득
다산 아파트(거주): 9억 5,000만 원	국민연금(예상액): 월 185만 원
금융 자산(노후 자금)	**부채**
퇴직금+각종 금융 상품: 5억 원	0원

노후 자금을 어떻게 활용할 것인지는 아직 결정된 바 없다. 다만 선배는 위험 자산에 과도하게 투자하기보다는 예금이나 퇴직연금 형태로 운용해 금리 수익을 얻는 방법을 고려하고 있다. 혹은 최근 주목받는 미국 배당주에 일부를 투자하는 방안도 고려하고 있다.

어쨌든 당장은 매월 350만 원을 현재가치로 유지하면서 생활비로 인출해야 하는데, 이 때 반드시 물가 상승률을 고려해야 한다. 우리나라는 일본처럼 디플레이션(Deflation) 경제가 아니라 인플레이션(Inflation) 경제다. 한국은행의 물가안정목표치는 연 2%다. 물가 상승률이 2%를 넘는다면 한국은행은 긴축 통화 정책으로 낮추고 반대로 2% 이하가 되면 완화 통화 정책으로 다시 2% 수준까지 끌어올리겠다는 뜻이다.

하지만 실제 체감 물가 상승률이 2%라고 생각하는 사람은 거의 없다. 장을 보러 나가 보면 물가가 매우 높다고 느껴지기 때문이다. 코로나19 시기에 경험했던 높은 물가가 제자리로 돌아오지 않은 것처럼 느껴지는 이유는, 한국은행이 목표로 하는 2%가 물가 '수준(Level)'이 아니라 전년 대비 '상승률(Rate)'이기 때문이다.

아무튼 최소 연 2%의 인플레이션은 미래에도 당분간 피할 수 없는 상수(常數)다. 다만 월 350만 원 생활비는 문화·레저비보다는 기초 생활비의 비중이 크다고 보고 연 1.5%씩 증가한다고 가정했다(식생활비와 같은 기초생활비는 상대적으로 덜 오른다). 한편 최근 은행 예금 이자율은 과거보다 많이 낮아진 점을 감안해, 지난 몇 년간의 평균적인 금리 수준을 고려해 세후 연 3%의 수익률을 적용했다. 계산의 편의상 1년 치 생활비를 연초에 한꺼번에 인출한다고 가정했다. 선배의 5억 원은 얼마나 오래 버틸 수 있을까?

5억 원이 있어도
73세면 둥이 난다

✱

결과는 좋지 않았다. 매년 예금 이자가 발생하긴 하지만, 생활비 인출 속도가 훨씬 빠르다 보니 자산은 빠르게 줄어들었다. 많은

◆ 5억 원이 소진되는 기간(수익률 연 3%)

세후수익률	연간생활비	생활비인플레이션
3%	42,000,000	1.5%

개월수	금액	년이자	추가인출	인출후잔액	필요생활비
0년	500,000,000	15,000,000	27,000,000	473,000,000	42,000,000
1년	473,000,000	14,190,000	28,440,000	444,560,000	42,630,000
2년	444,560,000	13,336,800	29,932,650	414,627,350	43,269,450
3년	414,627,350	12,438,821	31,479,671	383,147,679	43,918,492
4년	383,147,679	11,494,430	33,082,839	350,064,840	44,577,269
5년	350,064,840	10,501,945	34,743,983	315,320,857	45,245,928
6년	315,320,857	9,459,626	36,464,991	278,855,866	45,924,617
7년	278,855,866	8,365,676	38,247,810	240,608,055	46,613,486
8년	240,608,055	7,218,242	40,094,447	200,513,608	47,312,689
9년	200,513,608	6,015,408	42,006,971	158,506,638	48,022,379
10년	158,506,638	4,755,199	43,987,516	114,519,122	48,742,715
11년	114,519,122	3,435,574	46,038,282	68,480,840	49,473,855
12년	68,480,840	2,054,425	48,161,538	20,319,302	50,215,963
13년	20,319,302	609,579	50,359,624	- 30,040,321	50,969,203
14년	- 30,040,321	- 901,210	52,634,950	- 82,675,272	51,733,741

금액을 인출하지 않아도 돈은 고작 연 3%로 밖에 늘어나지 않기 때문이다. 10년이 지나면 어떻게 될까? 물가 상승률을 반영하면 10년 뒤 월 350만 원의 가치를 유지하기 위해 실제로는 연간 4,874만 원, 즉 월 400만 원의 생활비가 필요하다. 그 결과 통장에 남는 잔액은 1억 1,452만 원에 불과하다. 불과 10년 만에 원금의 77%가 사라진 셈이다.

월 350만 원이면 은퇴 부부 생활비치고는 꽤 아껴 쓰는 편인데도, 결과를 보면 한숨이 절로 나온다. 선배가 60세에 은퇴 후 버틸 수 있는 시간은 고작 13년. 한창 건강하게 활동할 나이인 73세에 통장 잔고가 바닥난다는 뜻이다.

간단한 계산이었지만, 선배는 흠칫하며 당황하는 표정이 역력했다. 그리고 헛웃음을 지으며 말했다.

"내가 처음 입행했을 때는 재형저축 금리가 연 12%였는데…. 하하, 내가 세상 물정을 너무 몰랐나 봐."

수익률이 2배가 되어도
노후는 해결되지 않는다

＊

5억 원으로 생각보다 오래 버티지 못한다는 사실에 충격 받은 선배는 곧이어 다른 대안을 제시했다.

"최근 주식 시장이 좋으니 일부는 주식에 투자해서 수익률을 2배로 올려보면 어떨까?"

자, 그렇다면 선배의 말대로 주식 투자로 수익률을 연 3%가 아닌, 2배 수준인 연 6%로 올린다면 상황은 달라질까? 최근 미국 배당성장주 중 배당 수익률이 10%에 육박하는 종목도 있다. 하지만 그 수익률이 영원히 보장된다는 법은 없으며, 긴 노후 기간을 감안할 때 소중한 5억 원을 전부 변동성 높은 자산에 넣어둘 수는 없는 노릇이다. 따라서 보수적인 투자자에게 노후 자금 전부를 위험 자산에 투자하는 것은 결코 쉬운 일이 아니다.

게다가 수익률을 연 6%로 가정한다는 것은 선배가 원했던 '편안한 노후'를 포기해야 한다는 뜻이기도 하다. 아무리 적은 돈이라도 주식 투자를 시작하는 순간, 시간과 에너지를 뺏길 수밖에 없기 때문이다. 실제로 미국 주식에 수천만 원을 투자한 사람들은 새벽마다 저절로 눈이 떠진다고 하지 않던가.

그럼에도 위험을 감수하고 주식 투자를 해서 연 6% 수익률을 달성한다고 가정해 보자. 결과는 어떨까? 10년이 지난 시점, 통장에 남은 잔액은 2억 7,682만 원이다. 연 3% 수익률일 때보다는 확실히 원금 소진 속도가 느리지만, 여전히 원금의 45%가 사라졌다. 10년 만에 원금이 반토막 난 것이다.

◆ **5억 원이 소진되는 기간**(수익률 연 6%)

세후수익률	연간생활비	생활비인플레이션
6%	42,000,000	1.5%

개월수	금액	년이자	추가인출	인출후잔액	필요생활비
0년	500,000,000	30,000,000	12,000,000	488,000,000	42,000,000
1년	488,000,000	29,280,000	13,350,000	474,650,000	42,630,000
2년	474,650,000	28,479,000	14,790,450	459,859,550	43,269,450
3년	459,859,550	27,591,573	16,326,919	443,532,631	43,918,492
4년	443,532,631	26,611,958	17,965,311	425,567,320	44,577,269
5년	425,567,320	25,534,039	19,711,889	405,855,431	45,245,928
6년	405,855,431	24,351,326	21,573,291	384,282,140	45,924,617
7년	384,282,140	23,056,928	23,556,558	360,725,582	46,613,486
8년	360,725,582	21,643,535	25,669,154	335,056,428	47,312,689
9년	335,056,428	20,103,386	27,918,993	307,137,435	48,022,379
10년	307,137,435	18,428,246	30,314,469	276,822,966	48,742,715
11년	276,822,966	16,609,378	32,864,477	243,958,489	49,473,855
12년	243,958,489	14,637,509	35,578,454	208,380,035	50,215,963
13년	208,380,035	12,502,802	38,466,401	169,913,634	50,969,203
14년	169,913,634	10,194,818	41,538,923	128,374,712	51,733,741
15년	128,374,712	7,702,483	44,807,264	83,567,448	52,509,747
16년	83,567,448	5,014,047	48,283,346	35,284,102	53,297,393
17년	35,284,102	2,117,046	51,979,808	- 16,695,706	54,096,854
18년	- 16,695,706	- 1,001,742	55,910,049	- 72,605,755	54,908,307

수익률이 2배가 되어도 선배가 버틸 수 있는 시간은 17년. 77세에 5억 원이 동나게 된다. 수익률 3%일 때(73세)보다 고작 4년 더 버틸 수 있을 뿐이다. 선배와 동년배의 기대 수명인 85.6세까지 버티기에는 턱없이 부족하다.

선배는 이 결과에 더 큰 충격을 받은 듯했다. '아니, 수익률이 2배나 늘어났는데도 버틸 수 있는 기간은 고작 4년밖에 안 늘어난다고? 무언가 계산이 잘못된 것은 아닐까?'라는 생각을 하는

딱 50부터 노후 준비합시다

듯하다.

하지만 너무나도 당연한 결말이다. 노후가 시작되는 첫해, 원금 5억 원에 대한 연 6% 수익금은 3,000만 원이다. 하지만 당장 인출해야 하는 생활비는 월 350만 원씩, 연간 4,200만 원이다. 수익보다 지출이 크기 때문에 원금은 시작부터 줄어들 수밖에 없고, 원금이 줄어드니 수익금도 줄어드는 악순환이 가속화되는 것이다.

선배는 허탈한 듯 웃으며 고개를 가로저었다.

"노후 준비, 정말 만만치 않네."

저속 은퇴를 해야 하는 이유

*

나는 선배의 착각을 깨기 위해 한 가지 질문을 던졌다.

"선배님, 그때 희망퇴직을 선택했던 동기들은 지금 뭐 하고 지내나요?"

선배의 대답은 뜻밖이었다. 그들 중 친한 동기 몇몇은 모두 '제2의 인생'을 살고 있다고 했다. 여기서 제2의 인생이란, 여전히 경제 활동을 하고 있다는 의미다.

한 동기는 부모님의 정육 가공 사업을 이어받아 운영 중이고, 다른 동기는 과수원에서 농사를 짓고 있으며, 또 다른 동기는 친척과 동업해 요양원을 개업했다고 한다. 물론 은행에 다닐 때만큼의 고소득은 아닐지 모른다. 하지만 중요한 것은 그들이 2~3년 치 연봉에 해당하는 목돈(희망퇴직금)을 챙기고 나서도 계속해서 소득을 만들어 내고 있다는 사실이다.

따로 수익률 계산을 해보지 않아도, 원금을 까먹으며 생활하는 선배보다 훨씬 더 안정적인 재무 구조를 갖춰놓았다는 사실은 명백하다. 선배는 그제야 무언가 깨달은 듯 무릎을 치며 말했다.

"그 친구들은 다 계획이 있었구나."

나는 선배에게 조심스럽게 제안했다.

"선배님도 '저속 은퇴'를 해보시는 게 어때요?"

선배는 눈이 휘둥그레지며 되물었다.

"저속 은퇴? 그게 뭐야?"

"지금 동기분들이 하고 있는 게 바로 저속 은퇴예요. 은퇴 속도를 늦추라는 거죠. 비록 현역 시절만큼의 고소득은 아니더라도, 경제 활동 기간을 연장해서 '완전 은퇴 시기'를 최대한 뒤로 미루는 겁니다."

선배는 잠시 생각에 잠기는 듯하더니, 이내 풀 죽은 목소리로 말했다.

"평생 은행만 다녔는데…. 이 나이에 누가 나를 써주겠어?"

선배는 여전히 '근로소득'이라고 하면 은행원 시절의 번듯한 직장과 고액 연봉만을 떠올리는 듯했다. 이런 인식은 평생 고소득자로 살아온 사람들에게서 흔히 나타난다.

하지만 여기서 말하는 '저속 은퇴'는 단순히 기존 직장에서의 정년을 연장하는 개념이 아니다. 경제 활동을 한순간에 중단하지 말고, 소득이 낮더라도 자신의 일을 지속하며 완전 은퇴 시점을 늦춰가는 과정을 뜻한다.

만약 선배가 소일거리를 통해 한 달에 딱 150만 원이라도 근로소득이 생긴다면 상황은 어떻게 변할까? 선배는 5억 원의 노후 자금에서 매월 350만 원씩 뺄 필요가 없다. 200만 원만 인출하면 된다(목표 생활비 350만 원 - 근로소득 150만 원 = 인출액 200만 원). 즉 연간 인출액이 4,200만 원에서 2,400만 원으로 확 줄어드는 것이다.

이를 바탕으로 다시 계산해 보자. 조건은 시간과 에너지가 소모되는 투자를 배제하고 현실적인 예금 이자율 3%, 물가 상승률 1.5%를 적용한다. 과연 선배의 5억 원은 정년 이후 완전 은퇴했을 때보다 얼마나 더 오래 버틸 수 있을까?

매년 예금 이자뿐만 아니라 두 경우에 비해 매월 150만 원의 근로소득까지 발생하므로 원금을 훼손하는 속도가 크게 줄

◆ 5억 원이 소진되는 기간(근로소득+수익률 연 3%)

세후수익률	연간생활비	생활비인플레이션
3%	24,000,000	1.5%

개월수	금액	년이자	추가인출	인출후잔액	필요생활비
0년	500,000,000	15,000,000	9,000,000	491,000,000	24,000,000
1년	491,000,000	14,730,000	9,630,000	481,370,000	24,360,000
2년	481,370,000	14,441,100	10,284,300	471,085,700	24,725,400
3년	471,085,700	14,132,571	10,963,710	460,121,990	25,096,281
4년	460,121,990	13,803,660	11,669,066	448,452,924	25,472,725
5년	448,452,924	13,453,588	12,401,228	436,051,696	25,854,816
6년	436,051,696	13,081,551	13,161,087	422,890,609	26,242,638
7년	422,890,609	12,686,718	13,949,560	408,941,049	26,636,278
8년	408,941,049	12,268,231	14,767,591	394,173,458	27,035,822
9년	394,173,458	11,825,204	15,616,156	378,557,303	27,441,359
10년	378,557,303	11,356,719	16,496,261	362,061,042	27,852,980
11년	362,061,042	10,861,831	17,408,943	344,652,099	28,270,774
12년	344,652,099	10,339,563	18,355,273	326,296,826	28,694,836
13년	326,296,826	9,788,905	19,336,354	306,960,472	29,125,259
14년	306,960,472	9,208,814	20,353,323	286,607,148	29,562,138
15년	286,607,148	8,598,214	21,407,355	265,199,793	30,005,570
16년	265,199,793	7,955,994	22,499,659	242,700,134	30,455,653
17년	242,700,134	7,281,004	23,631,484	219,068,650	30,912,488
18년	219,068,650	6,572,059	24,804,116	194,264,534	31,376,175
19년	194,264,534	5,827,936	26,018,882	168,245,652	31,846,818
20년	168,245,652	5,047,370	27,277,151	140,968,502	32,324,520
21년	140,968,502	4,229,055	28,580,333	112,388,169	32,809,388
22년	112,388,169	3,371,645	29,929,884	82,458,285	33,301,529
23년	82,458,285	2,473,749	31,327,303	51,130,982	33,801,052
24년	51,130,982	1,533,929	32,774,138	18,356,844	34,308,067
25년	18,356,844	550,705	34,271,983	- 15,915,139	34,822,688
26년	- 15,915,139	- 477,454	35,822,483	- 51,737,622	35,345,029

어들게 된다. 10년 후 통장에 남은 잔액은 3억 6,206만 원. 강산
이 변한다는 10년이 지났음에도 원금은 고작 28%밖에 줄어들
지 않았다. 주식 투자로 연 6% 투자 수익률을 가정했을 때는 이

미 45%가 사라졌는데 말이다. 20년 후가 되어서야 비로소 통장 잔액은 1억 4,096만 원이 되고, 원금의 72%가 감소한다.

그렇다면 자금이 완전히 바닥나는 시점은 언제일까? 바로 85세다. 연 6% 투자 수익률을 기대해도 73세면 노후 자금이 모두 바닥나는데 그보다 무려 12년이나 더 버틸 수 있는 것이다. 무엇을 해서 월 150만 원을 벌 것인지는 차치한다 하더라도, 가벼운 소일거리가 노후 자산의 수명을 획기적으로 늘려준다는 사실만큼은 명확히 증명된 셈이다.

재테크의 기본 계산식은 '원금×기간×수익률'이다. 많은 사람이 이 중에서 '수익률'이 가장 중요하다고 착각한다. 물론 수익률도 중요하다. 하지만 '원금'과 '기간'이라는 더 강력한 변수가 있다는 사실을 간과해선 안 된다. 수익률 1~2%를 더 올리기 위해 밤잠을 설치며 위험 자산에 투자하기보다, 작지만 확실한 소득을 통해 원금을 지키고 소진 기간을 늦추는 것이 훨씬 강력한 노후 대비책이 될 수 있다.

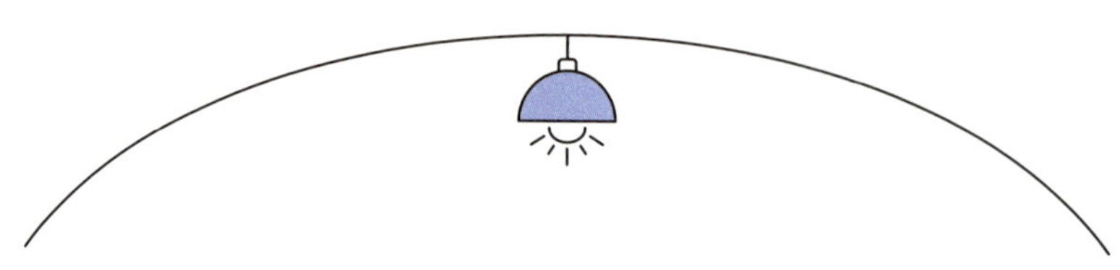

인생의 두 번째 문제집에서 노후가 결정된다

베짱이가
게으르다는 오해

*

어릴 적 누구나 한 번쯤 『이솝 우화』에 나오는 「개미와 베짱이」를 읽어봤을 것이다. 부모님들은 무더운 여름날 땀 흘려 일하는 개미와 그늘에서 노래만 부르는 베짱이의 대조적인 모습을 통해, 우리에게 성실하고 근면한 삶의 태도가 얼마나 중요한지를 가르치고자 했다.

실제로 개미를 관찰해 보면, 당장 먹을 식량이 충분함에도 쉴 새 없이 움직이며 먹이를 모은다. 현재의 풍요에 안주하지 않고 미래를 위해 끊임없이 저축하는 셈이다. 사람들은 흔히 곤충을 본능에만 충실한 미물이라 여기지만, 적어도 개미는 혹독한 '겨울'이 닥쳐온다는 사실을 본능적으로 알고 대비할 줄 아는 존재다.

그렇다면 베짱이는 왜 개미처럼 겨울을 준비하지 않았을까? 단순히 게을러서였을까? 생물학적 관점에서 보면 이야기는 완전히 달라진다. 사실 베짱이는 메뚜기목 여칫과에 속하는 '한해살이 곤충'이다. 늦가을에 알을 낳고 생을 마감하기에, 애초에 그들의 생애주기에 '겨울'이란 계절은 존재하지 않는다. 아마 이 이야기의 저자인 이솝(Aesop)이 이 사실을 간과했을지 모른다.

결과적으로 베짱이가 게으름을 피웠다는 것은 오해다. 자신의 '생애주기'를 정확히 파악하고 그에 맞춰 행동했을 뿐이다. 개미는 겨울을 포함한 긴 생애를, 베짱이는 겨울이 없는 짧은 생애를 살아야 하기에 각자의 수명에 맞는 최적의 경제 활동을 한 셈이다.

여기서 중요한 질문을 던져보자. 개미와 베짱이도 본능적으로 자신의 수명에 맞춰 사는데, 과연 만물의 영장인 우리는 우리의 생애주기를 얼마나 정확하게 파악하고 있을까?

30년 벌고
40년 써야 하는 현실

＊

최근 의료 기술의 발달로 기대 수명이 폭발적으로 늘어나면서, 인간의 생애주기 또한 급격하게 변하고 있다. 이미 기성 세대도 과거에 예상했던 것보다 훨씬 더 오래 살게 되었다. 앞으로 의료 기술이 더 발전하고 생활 환경 역시 개선될 가능성이 높은 만큼, 지금의 2030 세대 역시 생각보다 훨씬 더 긴 시간을 살아가게 될 가능성이 높다.

아직까지는 은퇴 후, 즉 일을 완전히 손에서 놓고 20년 이상을 살아본 사람은 거의 없을 것이다. 평균 수명이 70대에 머물던 시절에는 은퇴 후 사망에 이르기까지의 기간, 즉 우리가 말하는 '노후 기간'이 20년도 채 되지 않았기 때문이다.

문제는 과거에 경험해 보지 못한 현실을 맞닥뜨리면서 발생한다. 현재 갓 입사해서 사회초년생인 2030 세대는 회사에서 가장 나이 많은 임원이나 부장급 상사를 마주하게 된다. 그들은 대

개 50대 중후반으로, 정년퇴직을 몇 년 앞둔 사람들이다. 25세의 신입사원은 자연스럽게 55세 부장님의 나이를 '은퇴의 기준점'으로 인식하게 된다. 그리고 자신의 남은 경제 활동 기간을 부장님의 나이에서 자신의 나이를 뺀 기간, 즉 '30년' 정도로 계산한다. 무의식적으로 '나도 앞으로 30년 정도 벌고 은퇴하면 되겠구나'라고 인식하게 된다.

하지만 이것은 위험천만한 착각이다. 지금의 2030 세대가 부모님 세대나 나이 많은 직장 선배를 기준으로 자신의 생애주기를 가늠한다면 큰 오판을 하게 된다. 통계청에 따르면 2024년 기준 대한민국 출생아의 기대 수명은 약 83.7세다. 1990년대생이 노후를 맞이했을 때는 의료 기술의 발달과 같은 여러 환경 변화로 그 이상의 수명을 기대해 볼 수 있다. 역설적이게도 '운 나쁘게' 조금 더 건강하다면, 90대 중반 아니 100세 시대를 정면으로 마주하게 될 수도 있다.

따라서 획기적인 정년 연장이나 경제 활동 기간의 연장이 뒷받침되지 않는다면, 1990년대 이후 출생자는 은퇴 후 20년 이상을 일 없이 생존해야 한다. 심지어 60세에 은퇴해 100세까지 산다고 가정하면, 무려 40년이라는 긴 세월을 소득 한 푼 없이 버텨야 하는 상황이 올 수도 있다.

일해서 버는 기간은 30년인데, 벌지 않고 써야 하는 기간이

40년인 기형적인 구조. 이제 우리는 기존의 상식을 버리고 생애 주기를 원점에서 재검토해야 한다.

인생은 3권의 문제집이다

＊

인생을 커다란 문제집에 비유하자면, 우리는 살아가면서 총 3권의 문제집을 풀어야 한다. 첫 번째는 '성장기'라는 문제집이다. 대부분의 독자는 이미 이 문제집을 모두 풀고 덮었을 것이다. 내가 직접 풀어야 하는 문제들이었지만, 돌이켜보면 부모님의 절대적인 도움 덕분에 무사히 마칠 수 있었다. 최근 사회 진출 연령이 늦어지면서 보통 25~30세에 첫 번째 문제집 풀이가 마무리된다.

두 번째는 '활동기'라는 문제집이다. 아마 이 글을 읽는 대부분의 독자가 현재 풀고 있는 문제집일 것이다. 중요한 점은 이 두 번째 문제집의 정답률이 남은 인생을 좌우한다는 것이다. '활동기' 문제를 제대로 풀어낸 사람은 이어지는 세 번째 문제집인 '노후기'가 어렵지 않다. 하지만 '활동기'에서 막혀버리면 '노후기'는 손도 대지 못할 가능성이 높고, 심지어 자녀가 풀어야 할 첫 번째 문제집인 '성장기'까지 악영향을 미치게 된다.

그렇다면 이토록 중요한 '활동기'는 언제까지일까? 앞서 언급했듯, 많은 직장인이 회사 선배들을 보며 은퇴 시기를 가늠하곤 한다. 그래서 우리가 흔히 '사회적 정년'이라 생각하는 60세를 활동기의 끝으로 여기는 것이다. 하지만 길어진 은퇴 이후의 삶과 100세 생존이라는 위험에 직면한 지금, 기존의 상식은 바뀌어야 한다. 이제 활동기는 70~75세까지 늘어나야 한다.

활동기 문제집을 제대로 푸는 방법

*

60세까지 일하는 것도 버거운데, 70세 넘어서까지 일하라고? 생계를 위한 경제 활동을 25년 이상 지속하는 것은 생각보다 훨씬 고통스러운 일이다. 과거에 '대한민국에서 가장 힘든 군대는 해병대, 특수부대도 아닌 바로 내가 다녀온 군대다'라는 말이 유행했다. 같은 논리로 세상에서 가장 힘든 일은 무엇일까? <극한직업>에 나오는 일이 아니다. 바로 먹고살기 위해 억지로 해야 하는 '지금 내가 하는 일'이다. 내가 하는 일이 자아실현을 위한 게 아닌 단순한 생계 수단일 때, 그 노동의 고단함은 누구도 이해할 수 없는 나만의 극한 고통이 된다.

지금 여러분이 하는 경제 활동이 '자아실현형'인지 '생계형'인지 헷갈린다면, 구분하는 방법은 간단하다. 일요일 저녁의 컨디션을 확인해 보면 된다. 다음날 출근해서 동료들과 일할 생각에 가슴이 설레는가? 아니면 뒷목이 뻣뻣해지고 가슴이 답답해지는가? 전자라면 자아실현형, 후자라면 생계형이다.

활동기를 70~75세로 늘리고 그때까지 지금 하고 있는 고통스러운 생계형 노동을 참으라는 말을 하는 것이 결코 아니다. 태초부터 인간은 생계형 노동을 평생 지속할 수 없도록 설계되어 있다. 결국 해법은 노동의 성격을 바꾸는 데 있다. 1차 은퇴인 사회적 정년 이후부터 70~75세까지 이어지는 10~15년의 기간은 '자아실현형 경제 활동'으로 채워져야 한다. 돈 때문에 억지로 하는 일이 아니라, 내가 좋아서 하는 일, 보람을 느끼는 일로 수익을 창출하는 시기여야 한다는 것이다.

인류 역사상 처음으로 은퇴 후 30년 이상을 생존해야 하는 1990년대 이후 출생자들에게, 활동기의 확장은 선택이 아닌 필수다. 따라서 우리에게 주어진 진짜 숙제는 단순히 정년을 채우는 것이 아니다. '1차 은퇴 이후, 나는 어떤 일을 하며 웃으며 살 것인가?' 즉 '세컨드 라이프'를 지탱할 '세컨드 잡'을 설계하는 일이 활동기 문제집의 마지막 난제가 될 것이다.

우리의 노후가 불안정한 이유

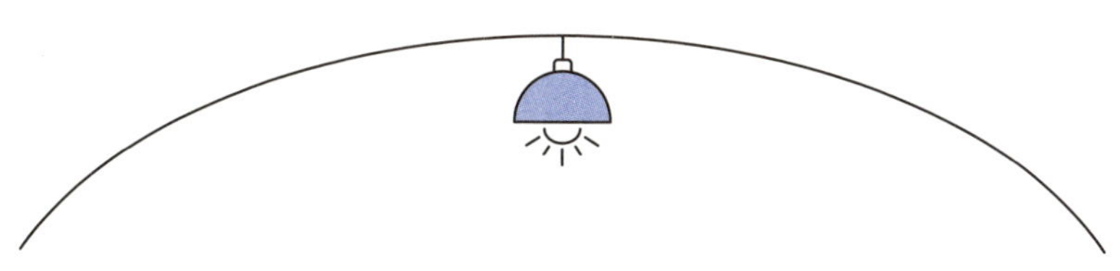

은퇴한 순간부터 소득은 낭떠러지처럼 떨어진다

생애주기별
자산 관리 계획이 필요하다

*

당신은 생애주기에 대해 들어본 적이 있는가? 사실 이것은 중학교 사회 교과서에 실릴 정도로 매우 기초적이고 중요한 경제 개념이다. 다만 국어, 영어, 수학 같은 주요 입시 과목이 아니다 보니, 반복해서 접할 기회가 적어 그 중요성을 쉽게 간과하고는 한다.

생애주기를 고려한 자산 관리 원리는 간단하다. 오늘 하루만을 사는 것이 아니기 때문에 앞으로 필연적으로 벌어질 일을 예측하고 이에 맞춰 미리 경제적 준비를 하는 것이다.

우리는 흔히 인간만이 미래를 내다보고 준비하는 능력이 있다고 생각하기 쉽다. 하지만 놀랍게도 인간이 하찮은 미물로 여기는 곤충조차 본능적으로 자신의 생애주기에 맞춰 경제적 준비를 한다. 「개미와 베짱이」에서 살펴봤듯이, 개미와 베짱이도 각자의 생애주기를 정확히 인지하고 그에 맞는 최적의 생존 전략을 짰다.

그렇다면 만물의 영장인 우리는 어떠한가? 과연 자신의 생애주기를 얼마나 정확하게 이해하고 노후를 대비하고 있을까? 교과서에는 생애주기를 '연령에 따른 소득과 소비의 변화'로 정의하며, 그 흐름에 맞춰 경제적 준비를 해야 한다고 강조한다. 이것이 바로 우리가 반드시 알아야 할 '생애주기별 자산 관리'의 핵심이다.

경제 교과서에서는 생애주기에 따른 소득과 소비의 흐름을 하나의 그래프로 설명한다. 보통 유년기에서 청년기까지는 소득보다 소비가 많은 적자 구간(A), 경제 활동이 왕성한 중장년기는 소득이 소비를 앞지르는 흑자 구간(B), 그리고 은퇴 후에

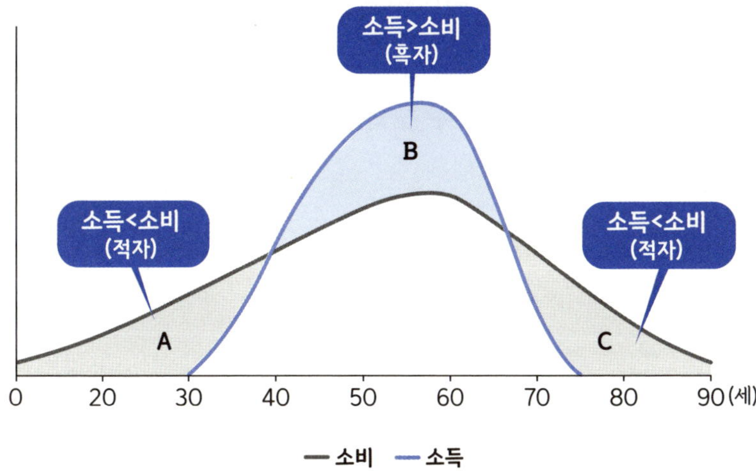

는 다시 소득이 줄어 소비가 앞지르는 적자 구간(C)으로 구분한다. 이 그래프를 보면 소비는 태어난 직후부터 서서히 늘어나 50~60대에 정점을 찍고 이후 완만하게 감소하며, 소득은 30세부터 가파르게 상승해 50~60대에 정점을 찍은 뒤 70대 중반까지 서서히 내려가는 모습으로 그려진다.

하지만 놀랍게도 이 그래프에는 현실을 반영하지 못한 치명적인 오류가 숨어 있다.

은퇴 이후 소득은 미끄럼틀이 아니라
낭떠러지처럼 떨어진다

*

우선 소득 곡선을 살펴보자. 교과서에서는 60세를 기점으로 소득이 서서히 줄어드는 것으로 묘사하고 있지만, 현실은 절대 그렇지 않다. 직장인이 정년퇴직을 맞이하는 순간, 30년 넘게 매달 정해진 날짜에 꼬박꼬박 들어오던 월급은 매정하게 끊긴다. 즉 소득은 미끄럼틀을 타듯 완만하게 내려가는 것이 아니라 낭떠러지처럼 수직으로 떨어져 '0'이 되어버린다.

교과서처럼 소득이 서서히 줄어들려면 앞서 언급한 '저속 은퇴'가 전제되어야 하지만, 대부분의 직장인은 준비 없는 은퇴와 함께 소득 단절을 경험한다. 따라서 막연하게 소득이 조금씩 줄어들 것이라 생각했다가는 큰코다치기 십상이다.

노후생활비는 쉽게
줄일 수 있는 게 아니다

*

소비 곡선에도 오류가 있다. 그래프에서는 소비 곡선이 50~60대를 정점으로 서서히 내려가지만 사실은 그렇지 않다.

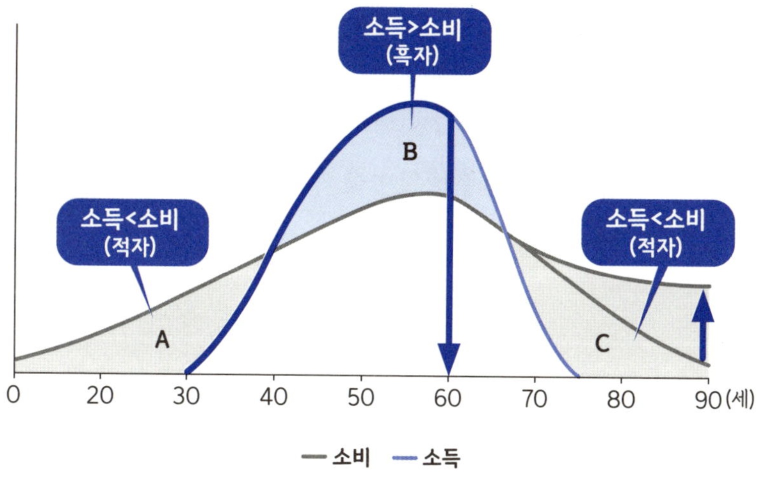

우리는 은퇴 후 노후생활비가 크게 줄어든다고 생각한다. 좀 더 정확하게 말하자면 줄어들어야 한다고 생각한다. 왜냐하면 소득이 '0'이 되기 때문에 그전과 동일하게 소비하면 안 된다는 강박이 있는 것이다. 하지만 현실에서 지출하는 생활비의 규모는 여가 생활, 즉 일을 하지 않는 시간과 밀접한 관련이 있기 때문에, 여가 시간이 늘어나는 노후에는 생활비가 예상보다 크게 줄지 않는다.

여러분이 사용하는 생활비 중에서 식생활비의 비중이 높은가? 아니면 문화·레저비나 이벤트비, 여행비 등이 비중이 높은

가? 지금 여러분은 5일 근무 2일 휴식의 시스템하에서 생활비를 지출하고 있지만, 노후에는 0일 근무 7일 휴식의 시스템하에서 생활비를 지출해야 하는 것이다. 그러니까 노후에는 소득이 없어지니 무조건 아껴 써야만 한다는 비현실적인 이야기를 할 것이 아니라, 현실적인 노후생활비를 계산하고 이에 맞춰 경제적 준비를 해야 한다.

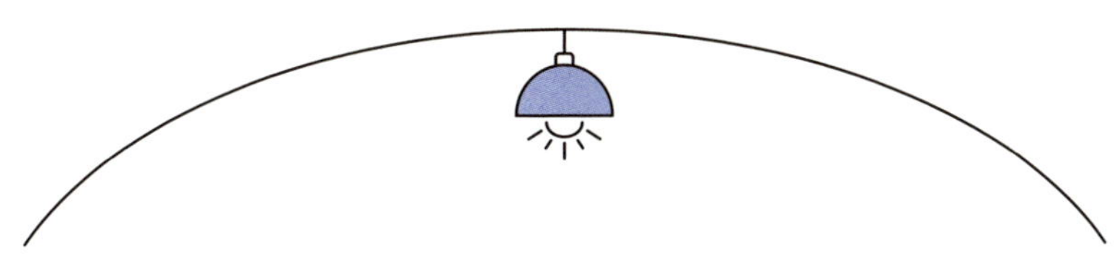

노후 준비를 시작하는
사람들의 5가지 착각

노후 준비는 그 무엇보다 서둘러서, 과감하게, 그리고 정확한 방향으로 시작해야 하는 인생의 가장 중요한 과제다. 그런데 안타깝게도 생각보다 많은 사람이 잘못된 고정 관념에 사로잡혀 노후 준비의 첫 단추를 잘못 끼우곤 한다. 지금부터 노후 준비를 망치는 대표적인 5가지 착각을 이야기해 보겠다.

① 인구는 급격히 감소할 것이다?

*

우리 사회가 겪고 있는 고령화와 저출생 문제는 앞으로 더욱 심화될 것이다. 인구는 점점 감소할 것이고 이렇게 되면 우리가 노후기에 진입할 쯤에는 경제적 상황이나 사회적 분위기는 지금과는 사뭇 크게 달라질 것으로 예측한다.

실제로 지방자치단체 절반이 지방 소멸 위험 지역으로 지정될 만큼 인구 감소가 심각한 사회 문제가 될 것이라는 지적이 있다. 우리나라는 2025년 기준 인구 약 5,150만 명 중 65세 이상 인구가 1,050만 명을 넘어서며, 5명 중 1명이 노인인 초고령 사회로 진입했다. 이처럼 인구 감소와 고령화에 대한 우려가 커지면서, 노후 준비 과정에서도 이러한 전망을 지나치게 비관적으로 받아들이는 경우가 많다. 이렇게 되면 주택의 매도 시기나 기타 자산의 처분에 대한 판단 근거가 달라질 수 있다.

물론 전체 인구가 줄어드는 것은 기정사실이다. 하지만 인구 감소가 곧바로 '대도시의 붕괴'로 이어질지는 의문이다. 도심이 텅 비는 공동화 현상보다는, 일자리가 있는 도심으로 사람이 더 몰려 오히려 지방의 인구 소멸이 가속화되는 양극화 현상이 나타날 가능성이 높기 때문이다. 특히 고령화로 70대까지 생계형

  딱 50부터 노후 준비합시다

소득이 필요한 인구가 늘어나면서, 일자리를 찾아 도시로 유입되는 노년층은 더욱 증가할 것이다. 결과적으로 인구 감소는 '지방 소멸'과 '도심 집중'이라는, 다소 의외의 결과를 만들어 낼 수도 있다.

그렇다면 실제로 인구는 얼마나 줄어들까? 2023년 통계청이 발표한 자료에 따르면 2050년 대한민국의 인구는 약 4,711만 명으로 줄어들 전망이다. 이는 2023년 인구보다 약 9% 줄어든 수치다.

◆ **인구 감소 예상 자료**(중위 추계 기준)

구분	인구	증감율
2023년	약 5,178만 4,000명	-
2030년	약 5,090만 8,000명	-1.69%
2035년	약 4,979만 4,000명	-3.84%
2040년	약 4,827만 3,000명	-6.78%
2050년	약 4,711만 4,000명	-9.02%

출처: 통계청

인구가 9% 가까이 줄어든다는 것은 분명 충격적인 일이다.

하지만 표에서 보듯이 인구가 3,000만~4,000만 명씩 급격히 감소하는 수준은 아니다. 출생률은 낮아지지만, 반대로 기대 수명이 급격히 늘어나며 인구가 감소하는 속도를 늦추고 있기 때문이다. 태어나는 아이는 줄지만, 오래 사는 노인이 늘어나면서 총인구의 감소 폭을 상쇄하고 있는 셈이다.

따라서 노후 준비를 위한 경제적 판단을 내릴 때 '인구 감소'라는 변수는 분명 고려해야 하지만, 그 속도가 생각보다 급격하지 않다는 점을 함께 인식해야 한다. 막연한 공포를 갖기보다 냉정한 데이터가 필요한 시점이다.

② 집값은 급격히 폭락할 것이다?

＊

첫 번째 착각인 '인구 감소'와 쌍둥이처럼 따라다니는 것이 바로 '집값 폭락론'이다. 한국인의 자산 대부분이 부동산에 집중되어 있는 만큼, 집값은 노후 준비에서 가장 민감하고 중요한 변수다.

그간 유튜브 속 자칭 부동산 전문가들은 한국 경제 위기와 인구 감소를 근거로 꾸준히 집값 폭락론을 설파해 왔다. '경제가 어려우면 집값이 떨어진다'는 논리는 무주택자들에게는 희망적인 복음일지 몰라도, 대출을 받아 집을 산 1주택자들에게는 밤잠을 설치게 하는 악몽이다.

하지만 과연 인구가 줄고 경제가 어려워지면 집값은 필연적으로 폭락할까? 주택은 단순한 투자재가 아니라 의식주 중 하나인 '필수재'다. 즉 당장 집을 사려는 매수 수요 외에도, 살 곳이 필요한 '거주 수요(전월세)'가 늘 따라붙는 재화라는 뜻이다.

장기적으로 경제가 파탄 나서 소득이 줄고 대출 이자를 상환할 능력이 사라지면, 당연히 주택 수요가 줄어 집값이 하락할 수 있다. 하지만 단기적으로는 정반대의 현상이 벌어지기도 한다. 경기가 어려워지면 한국은행은 경기 부양을 위해 '금리 인하' 카드를 꺼내 든다. 이자가 저렴해지면 대출 부담이 줄어들어 오히려 주택 구매 욕구가 살아나고, 이것이 집값을 떠받치거나 상승시키는 요인이 된다. 반대로 경기가 너무 좋으면 한국은행은 인

◆ **경기가 집값에 미치는 단기적 영향**

경기 침체	경기 호황
① 금리 인하 ② 주택 수요 증가 ③ 집값 상승	① 금리 인상 ② 주택 수요 감소 ③ 집값 보합 내지 하락

플레이션을 막기 위해 '금리 인상'을 단행하는데, 이 경우에는 대출 이자가 무서워 집을 사려는 수요가 줄어들고 집값은 보합 내지 하락 국면을 맞기도 한다.

정리하면 인구가 줄더라도 집값은 급격히 폭락하지 않는다. 그렇다면 앞으로 집값은 얼마나 오를 수 있을까? 주택은 주식처럼 단타 매매 대상이 아니기에, 1~2년이 아닌 10~20년의 장기 관점에서 봐야 한다. 우리나라는 디플레이션 경제가 아니다. 한국은행의 물가안정목표치는 연 2%이며, 이는 정책적으로 한국은행이 일정 수준의 인플레이션을 유도한다는 뜻이다.

물론 최근 5억 원, 10억 원씩 급등한 특정 아파트는 조정기를 거치게 된다면 몇억씩 떨어질 수는 있다. 하지만 국가 전체의 아파트 평균 가격이 수십%씩 대폭락하는 일은 IMF 외환 위기급 경제 위기가 아니고서는 상상하기 어렵다. 잠재적 주택 수요가 탄탄한 대한민국에서 장기적인 집값 상승률이 평균 물가 상승률보다 낮기는 어렵다.

다만 과거와 같은 집값의 폭발적인 상승을 기대하기는 힘들다. 우리 경제가 더 이상 연 7% 이상씩 고도 성장을 하던 시절이 아니기 때문이다.

미래의 집값 상승률을 예측할 수 있는 좋은 도구가 있다. 바로 '국고채 10년물 금리'를 활용해 볼 수 있다. 2000년대 초반만

          딱 50부터 노후 준비합시다

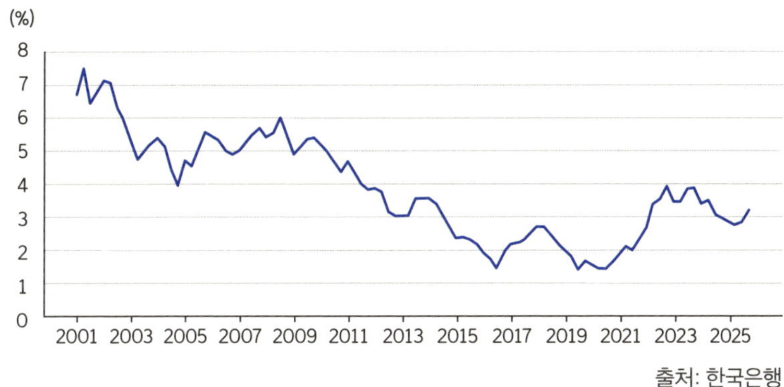

해도 우리나라 국고채 10년물 금리는 연 7%대로 매우 높았다. 이는 시장 참여자들이 향후 10년 동안 물가 상승률과 경제 성장률을 합쳐 연 7% 이상이 될 것으로 예상했다는 의미다. 실제로 그 당시 집을 산 사람들은 장기적으로 이보다 훨씬 높은 자산 가치 상승을 경험했다.

그렇다면 지금은 어떨까? 최근 국고채 10년물 금리는 약 3.5~3.6% 수준이다(2026년 3월 4일 기준). 시장은 앞으로 10년간의 기대 수익률을 과거에 비해 3%대 수준으로 낮게 보고 있다는 의미다. 따라서 향후 대한민국의 집값 상승률 역시 과거처럼 폭등하기보다는, 현재 기대 인플레이션과 금리 수준을 반영해 연 3~5% 수준으로 수렴할 가능성이 높다.

③ 노후에는 생활비가
줄어들 것이다?

✱

앞서 노후생활비를 계산하는 방법을 소개했지만 사실 이 부분에는 이견이 많다. 많은 사람이 노후에는 생활비가 줄어든다고 착각하기 때문이다.

사실 노후생활비가 줄어든다기보다는 줄여야 하는 상황이 생기기 때문에 줄인다는 표현이 더 정확한 표현일 수 있다. 그렇다면 사실은 '줄일 수 없다'는 말이 정확하며, 현실에서는 오히려 늘어나는 경우도 적지 않다.

돈쭐남이 몇 년 전에 30대 부부와 상담하다가 겪은 일이다. "노후생활비가 생각보다 더 많이 들어갈 겁니다"라는 말에 아내분이 "과연 그럴까요?"라고 반문했다. "시부모님이 은퇴하셨다고 하는데 얼마나 생활비를 쓰시는지 물어보세요"라고 했더니 그 자리에서 휴대폰을 꺼내 시어머니에게 전화를 걸었다. 그녀의 시부모님은 오랜 공무원 생활을 마치고, 은퇴 후 공무원 연금으로 생활하신다고 했다. 서울 송파구의 20평대 작은 주택에서 강아지를 키우시면서, 평소에는 동네 산책을 즐기시는 평범한 70대 부부였다.

"어머님, 한 달에 생활비 얼마나 쓰세요? 생활비가 그렇게 많

     딱 50부터 노후 준비합시다

이 들어가지는 않죠?"

수화기 너머로 들려오는 시어머니의 목소리가 얼마나 큰지 옆에 있는 나에게도 정확하게 들렸다.

"말도 마라. 요즘 물가가 얼마나 비싼데…. 숨만 쉬는데 300 든다"

그 이야기를 들은 모든 사람이 크게 웃음을 터뜨렸다.

첫째는 자녀들과 손주를 가까이에서 보기 위해서, 둘째는 나이 들면 아플 수 있으니 큰 병원 근처에 살아야 한다는 생각 때문에 서울을 벗어나지 않고 지낸다고 하셨다. 그래서인지 특별한 활동을 하지 않는데도 월 300만 원은 생활비로 나간다는 말씀을 하신 것이다. 어머님의 그 한마디는 순간 웃음을 자아내게 했지만 이후에도 귓가에 계속 맴도는 이야기가 되었다.

④ 분산 투자는 위험을 줄여줄 것이다?

*

많은 사람이 분산 투자가 위험을 확실하게 줄여줄 것이라 믿는다. 물론 어느 정도는 맞는 말이다. 하지만 대부분이 말하는 분산 투자는 종목을 다양화하는 수준, 즉 주식 종목의 분산에 그치

는 경우가 많다. 만일 경기 침체가 오면 이런 방식의 분산 투자
는 큰 힘을 잃게 된다. 왜냐하면 모든 종목이 함께 떨어지기 때
문이다.

투자에서의 위험이란 '체계적 위험'과 '비체계적 위험'의 합
을 말한다.

비체계적 위험

비체계적 위험이란 어떤 기업이나 특정 산업에 국한되어 나타
날 수 있는 변동성을 말한다. 예를 들어 갑자기 에너지 가격이

◆ **분산 투자와 위험의 상관 관계**

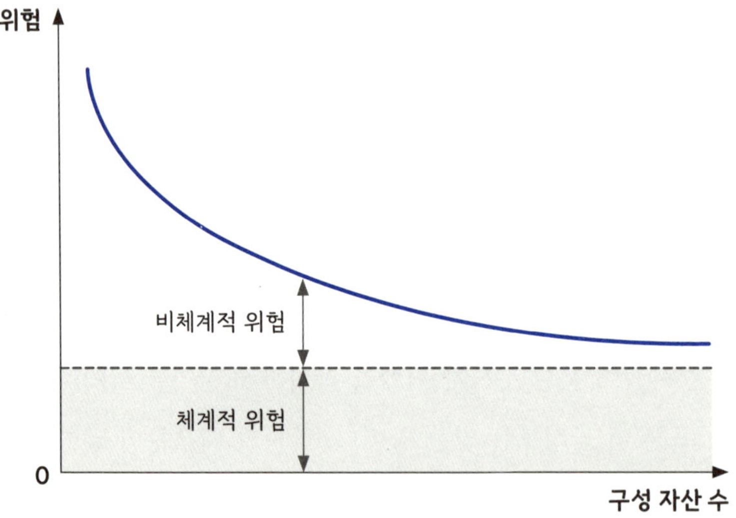

딱 50부터 노후 준비합시다

폭등하면 항공 업계는 수익성이 악화되고 이익이 줄어들게 된다. 또 메모리 반도체의 가격이 폭락하면 반도체 업계는 불황을 겪을 수도 있다. 이처럼 비체계적 위험은 특정 기업과 특정 산업에만 나타나는 개별적인 변동성이다. 따라서 분산 투자를 하면 이런 위험은 어느 정도 방어할 수 있다. 한 종목에 투자하는 것이 아니라 여러 종목, 여러 산업에 고루 분산 투자해서 구성 자산 수를 늘리면 늘릴수록, 그래프에서 보듯이 한 기업이나 한 산업에만 투자하는 것에 비해서 위험은 줄어들게 되는 것이다.

체계적 위험

반면 체계적 위험이란 경기 침체, 금융 위기처럼 시장의 모든 위험 자산에 영향을 미치는 거시적인 변동성을 말한다. 이런 경우에는 아무리 구성 자산 수를 늘려도 위험이 줄어들지 않는다. 경기 침체가 다가오면 모든 게 다 같이 떨어지기 때문이다. 따라서 노후 준비를 할 때는 단순한 비체계적 위험의 분산 투자만을 생각해서는 안 되고, 체계적 위험에도 대비하는 분산 투자를 해야 하는 것이다.

자산 배분 전략

그렇다면 체계적 위험에는 어떻게 대처해야 할까? 종목의 분산

이전에 안전 자산인 예금이나 국채 등을 활용해 '전략적 자산 배분'을 해야만 한다. 과거에는 본인의 투자 성향에 따른 자산 배분을 주로 이야기했지만, 최근에는 급변하는 자산 시장과 인플레이션 앞에 100% 안전한 자산은 없으므로 '투자 가능 기간'에 따라서 자산 배분 비율을 조정하는 것이 바람직하다.

예를 들어 30대의 노후 준비와 40대, 50대의 노후 준비는 분명히 다르다. 노후 준비를 위해 투자할 수 있는 '시간'이 명확히 다르기 때문이다. 30대라면 20년 이상, 40대라면 10년 이상 투자할 수 있고, 50대라면 그보다 짧은 5년에서 10년 남짓한 기간을 투자할 수 있으니 전략적 자산 배분도 그 기간에 맞춰야 한다는 의미다. 구체적인 가이드는 다음과 같다.

노후 준비를 위한 투자 기간별 자산 배분 전략

- 30대 (투자 기간 20년 이상): 안전 자산 10%+위험 자산 90%(위험 자산에는 확실히 노후 자금으로 활용할 돈으로 투자해야 한다)
- 40대 (투자 기간 10년 이상): 안전 자산 20~30%+위험 자산 70~80%
- 50대 (투자 기간 5~10년): 안전 자산 50%+위험 자산 50%

다시 한번 강조하지만 분산 투자는 위험을 줄이는 방법일 뿐, 완전한 대비책이 아니다. 노후 투자에서 실패를 피하려면 자신의 상황과 여건에 맞는 분산 투자 전략을 설계해야 한다.

⑤ 물가는 다시
하락할 것이다?

＊

전 세계는 코로나19 이후 전례 없는 인플레이션 공포를 겪었다. 원인은 복합적이었다. 2021년 팬데믹으로 인한 글로벌 공급망 붕괴, 에너지와 원자재 가격의 급등, 그리고 경기 회복 기대감에 따른 폭발적인 수요 증가까지 한꺼번에 겹친 탓이다.

특히 이 시기 각국 정부와 중앙은행은 대규모 경기 부양책을 펼쳐 시장에 엄청난 유동성을 공급했다. 돈이 풀린 만큼 화폐가치는 떨어졌고, 인플레이션 공포는 극에 달했다. 여기에 2022년 러시아-우크라이나 전쟁까지 터지자 전 세계 물가는 통제 불능 상태로 치솟았다. 실제로 미국은 2022년 6월 물가 상승률이 전년 대비 9.1%까지 치솟으며 경이적인 물가 상승률을 기록했고, 한국 역시 같은 해 7월 전년 대비 6.3%의 물가 상승률을 기록하며 인플레이션이 정점을 찍었다.

다행히 2022년부터 시작된 강력한 긴축 정책 덕분에 지표상 물가는 안정세를 찾아가는 듯 보인다. 2026년 1월 기준 물가 상승률은 미국이 2.4%, 한국이 2.0% 수준을 유지하고 있다.

하지만 지표가 보여주는 '물가 안정'과 우리가 체감하는 현실 사이에는 큰 괴리가 있다. 지표는 안정되었다고 하는데 왜 우리는 물가가 하락했다고 전혀 느끼지 못할까? 물론 소비자물가지수를 산정하는 품목과 내 장바구니 품목이 달라서일 수도 있다. 하지만 근본적인 이유는 '물가 상승률(Rate)'이라는 지표의 함정에 있다.

물가 상승률은 물가의 '수준(Level)'이 아니라, 물가가 상승하는 '속도(Pace)'를 보여주는 지표다. 즉 물가 상승률이 낮아졌다는 말은 가격이 과거 수준으로 싸졌다는 뜻이 아니라, 가격이 오르는 속도가 조금 느려졌을 뿐 여전히 오르고 있다는 의미다. 우리는 여전히 고물가 상황에 놓여 있으며, 한 번 오른 가격은 쉽게 내려가지 않는다.

경제학에서 물가가 상승하는 원인은 크게 2가지로 나뉜다. 첫 번째, 수요 견인 인플레이션(Demand-pull inflation)이다. '사겠다'는 사람이 많아지면 가격이 오른다. 하지만 지금 우리의 현실은 어떠한가? 과거보다 더 풍족하게 장을 보고, 미용실을 더 자주 가고, 물건을 마구 사들이고 있는가? 그렇지 않다.

그렇다면 물가가 상승하는 또 다른 원인은 비용 인상 인플레이션(Cost-push inflation)이다. 원자재 가격이나 생산 비용이 상승하면 기업이 이를 가격에 전가한다. 그리고 현재 비용 상승의 가장 큰 원인은 '공급 부족'이며, 그 배후에는 '기후 변화'가 있다.

특히 서민 경제에 직격탄을 날리는 농수산물 물가의 급등은 기후 위기와 직결되어 있다. 전 세계 전문가들이 참여한 국제기구 IPCC(기후변화에 관한 정부 간 협의체, Intergovernmental Panel for Climate Change) 6차 평가 보고서에 따르면, 지난 50년간 기후 변화로 농업 생산성 증가세가 뚜렷하게 둔화했다. 보고서를 기반으로 구체적으로 살펴보면 밀 수확량은 4.9%, 옥수수는 5.9%, 쌀은 4.2% 감소했으며 더 암울한 것은 기후 변화가 심화될수록 생산량 감소 폭은 더 커질 것이라는 점이다. 특히 대표적인 식량 작물인 옥수수는 2100년까지 수확량이 약 12% 감소할 것으로 전망한다. 부정적 전망은 그뿐만이 아니다. WHO(세계보건기구, World Health Organization)는 전 세계 농업 생산성이 향후 20년 이내에 절반으로 하락할 수도 있다는 충격적인 경고를 내놓기도 했다.

한국 농업도 기후 변화의 직격탄을 맞고 있다. 폭염과 극한 호우가 반복되면서 작황 부진이 일상화되었다. 2025년 3월 기준 배추 1포기의 평균 가격은 5,532원으로, 평년 가격인 3,874원 대비 무려 42%나 폭등하며 '금배추'라는 오명을 썼다. 지난해 여름부터 가을까지 이어진 이상 고온과 집중 호우로 재배 면적이 줄고 출하량이 급감한 탓이다.

　물가가 다시 하락할 것이라는 기대는 기후 위기라는 구조적 변화 앞에서는 순진한 착각일 수 있다. 우리가 노후를 준비를 할 때 과거보다 훨씬 더 보수적이고 넉넉하게 자금을 마련해야 하는 이유가 바로 여기에 있다.

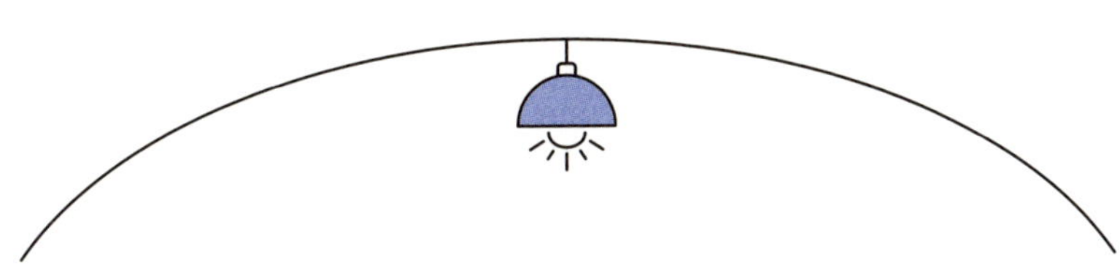

안정된 노후를 위협하는 5가지 리스크

위험과 리스크의 차이점

*

노후의 경제적 안정을 위협하는 리스크는 의외로 우리와 아주 가까운 곳에 도사리고 있다. 그런데 여기서 한 가지 의문이 생긴다. 왜 노후를 위협하는 요소를 '위험(Danger)'이라 부르지 않고 굳이 '리스크(Risk)'라고 표현하는 것일까?

엄밀히 말해 위험은 누구나 직관적으로 인지할 수 있는 것이다. 예를 들어 길을 걷다 맨홀 뚜껑이 열려 있는 것을 보거나 공사장 근처에서 '접근 금지'라고 적힌 위험 표지판을 본다면, 누구나 본능적으로 그곳을 피해 간다. 따라서 예측 불가능한 천재지변이나 엄청난 사고가 아니고서는, 사람들은 알아서 이런 위험을 회피하려 노력한다. 그래서인지 '사고 잦은 곳'이나 '위험 지역'이라고 표시된 곳에서는 오히려 사람들이 조심하기 때문에 생각보다 사고가 많이 일어나지 않는 역설적인 현상이 벌어지기도 한다.

하지만 리스크는 위험과 성격이 전혀 다르다. 리스크는 우리가 늘 가까이하고, 간절히 갖고 싶어 하는 것들 속에서 발생한다. 한마디로 리스크란 '기회 속에 숨어 있는 위험'을 의미한다.

예를 들어 어떤 학생이 소위 명문대인 연세대학교에 합격했지만, 서울대학교를 가기 위해 재수를 선택한다고 가정해 보자. 우리는 그 학생의 재수 결정에 '위험'이 있다고 말하지 않고, '리스크'가 있다고 말한다. 왜냐하면 재수는 서울대학교라는 더 높은 목표를 이룰 '기회'가 되기도 하지만, 자칫 연세대학교 합격이라는 기회마저 상실할 '위험'도 동시에 내포하고 있기 때문이다.

이처럼 노후를 위협하는 리스크들은 결과가 좋을 수도 있지만, 자칫 최악의 상황으로 치달을 수도 있는 '선택과 기회'의 속

  딱 50부터 노후 준비합시다

성을 동시에 품고 있다. 노후 시기에 경제적 안정을 위협하는 요인을 위험이 아닌 리스크라 부르는 이유가 바로 이 때문이다. 지금부터 노후의 경제적 안정을 위협하는 5가지 리스크를 하나씩 살펴보겠다.

① 창업 리스크

*

누구나 은퇴가 가까워지거나 막 은퇴를 하게 되면, 길어진 노후와 턱없이 부족한 생활비 문제를 피부로 느끼게 된다. 따라서 은퇴를 앞둔 50대와 1차 은퇴를 한 사람들에게 '성공한 창업'은 인생 역전을 꿈꾸게 하는 로망 그 자체일 수밖에 없다. 실제로 주변에서 창업으로 크게 성공했다는 사례를 심심치 않게 접하기도 하니 그 유혹은 더욱 강렬하다.

하지만 창업이 가진 진짜 리스크는 시장 상황보다 예비 은퇴자의 '조급한 마음'과 '성급한 결정'에서 비롯된다. 은퇴와 동시에 매달 들어오던 월급이 거짓말처럼 사라져 소득이 '0'이 되어버리기 때문에, 예비 은퇴자들은 이 불안감을 이기지 못하고 성급하게 창업 시장에 뛰어드는 경우가 많다.

그러나 대한민국 자영업 시장은 연일 뉴스에서 보도되는 대로 끝없는 추락을 거듭하고 있는 것이 냉혹한 현실이다. 국세청 국세통계포털에 따르면, 2024년 기준 100대 생활업종의 3년 생존율은 52.3%다. 100곳이 개업하면 약 52곳만 3년 뒤에도 영업을 이어가는 셈이다. 같은 기준에서 1년 생존율은 77%로, 이를 단순 환산하면 창업 1년 내 폐업 비율은 약 22% 수준이다.

문제는 실패했을 때 다시 일어설 기회가 있는 청년층보다 실패가 곧 빈곤으로 직결되는 노년층에 창업 비중이 집중된다는 점이다. 노년층 자영업자가 빠르게 늘며 창업 연령대의 고령화가 뚜렷해지고 있다. 반면 30세 미만 청년층 창업은 감소세를 보인다. 이것은 은퇴 이후 마땅한 소득원을 찾지 못한 노년층이 어쩔 수 없이 선택하는 '생계형 창업'이 늘고 있다는 뼈아픈 증거다.

구체적인 사례를 통해 창업의 현실을 확인해 보자. 최근 실제 창업 경험이나 예상 창업 수익을 공개하는 유튜브 영상이 많은데, 대한민국의 창업 4대 업종인 치킨, 피자, 커피와 베이커리 창업을 다룬 영상을 찾아보면 약간의 차이는 있지만 창업 예상 수익은 큰 틀에서 매우 비슷함을 알 수 있다. 다음은 흔히 접할 수 있는 베이커리 프랜차이즈의 예상 수익 구조다.

- 투자 금액: 3억 9,500만 원

- 순수익: 월 486만 원

- 수익률: 연 14.7%(표면적 수익률)

- 원금 회수 기간: 56개월(4년 8개월)

커피, 치킨, 피자 창업도 대개 월 300~400만 원, 많게는 500만 원 이상의 순수익이 예상된다고 말한다. 언뜻 보면 나쁘지 않아 보인다. 은퇴 후 매달 500만 원 가까운 돈이 들어온다면 노후 걱정에서 해방되었다고 생각할 수도 있다. 하지만 여기에는 치명적인 함정이 숨어 있다. 이 수익은 본인이 하루 8시간 이상씩 고된 노동을 한 대가이고 막대한 초기 투자금도 들어갔다. 이 점을 간과해서는 안 된다.

베이커리 창업 예시를 냉정하게 다시 분석해 보자. 투자 금액 3억 9,500만 원에 월 순수익이 486만 원이라면, 표면적인 수익률은 연 14.7%에 달해 보인다. 여기서 점주 본인의 노동력을 최저 시급으로만 계산해서 비용으로 빼더라도, 실제 수익률은 8.2%로 뚝 떨어진다(2026년 최저 시급 반영, 일 8시간 주 6일 근무). 만약 3억 9,500만 원을 대출로 마련했다면 어떻게 될까? 대출 이자를 제하고 나면, 실질적으로 손에 쥐는 수익은 거의 없다고 봐도 무방하다.

무엇보다 창업의 가장 큰 리스크는 원금 회수가 불확실하다는 점이다. 투자금 3억 9,500만 원 중 보증금 1억 원을 제외한 나머지 약 3억 원은 인테리어비 등으로 소멸되는 비용이기에, 폐업 시 회수가 불투명하다.

결국 창업은 겉만 그럴싸할 뿐 실제로는 엄청나게 부담이 크고 위험한 투자인 셈이다. 물론 창업의 모든 경우가 다 그렇다는 것은 아니지만 성공 사례가 매우 드문 것은 분명하다.

이처럼 창업은 경제적으로 독이 되는 경우가 훨씬 많다. 자신이 오랫동안 해온 일이거나, 일정 기간 현장 경험을 통해 충분한 지식을 쌓은 분야가 아니라면 섣부른 창업은 금물이다. 때로는 투자를 하지 않는 것이 가장 좋은 투자일 수 있다는 사실을 명심해야 한다.

② 투자 리스크

*

창업의 실제 수익률이 기대보다 낮다는 것을 깨달은 사람들은, 자연스럽게 창업보다 투자로 관심을 돌린다. 실제로 최근에 주식 투자만으로도 노후생활비를 충분히 벌 수 있다고 믿는 사람들이 부쩍 늘어났다. 그도 그럴 것이, 최근 미국 주식 시장의 거침없는 상승세와 더불어, 올 들어 코스피 또한 40년 만에 기록적인 불장을 연출하고 있기 때문이다.

하지만 노후생활비 마련을 위한 투자는 젊은 시절의 투자와는 본질적으로 달라야 한다. 노후 자금의 핵심은 일확천금이 아니라, '꾸준하고 변동성 없는 현금 흐름'을 만드는 데 있다. 많이 버는 것보다 매달 일정하게 들어오도록 구조를 만드는 것이 훨씬 중요하다.

그러나 당장 눈앞에 직면한 소득 절벽에 마음이 조급해진 은퇴 예정자들은 이 원칙을 잊기 쉽다. 고수익을 보장한다는 말에 팔랑귀가 되어 위험한 투자처로 뛰어드는 경우가 비일비재하다. 더 큰 문제는 이러한 심리를 악용하는 금융 사기에 노출되기 쉽다는 것이다. 사회 곳곳에서 노후에 대한 불안감과 대박 심리를 악용해 노년층을 노리는 사기 범죄가 기승을 부리고 있다. 특히 최근 비트코인(Bitcoin) 등 가상 자산 가격이 폭등하자, 은퇴자를 대상으로 한 가상 자산 투자 사기가 극성을 부린다는 뉴스를 심심치 않게 접했을 것이다. 앞서 언급한 대로 노후생활비라는 꾸준한 현금 흐름은 원금과 기간, 그리고 수익률의 균형에서 나오는 만큼, 오로지 투자로 대박을 터뜨려서 노후생활비를 해결하겠다는 생각은 금물이다.

◆ 은퇴자를 대상으로 하는 사기 범죄 관련 뉴스들

조선비즈 PiCK · 2024.03.04. · 네이버뉴스

[단독] "여의도 극비 정보다" 은퇴자금 24억 가로챈 사기단...경...
S사 직 "인직원에게만 공개됐던 여의도 극비 종목을 알려주
겠다"...
to... "

헤럴드경제 PiCK · 2025.05.29. · 네이버뉴스

"노후자금 다 쏟아부었는데 깜빡 속았다" 다단계 사기범죄 주의...
특히 시는 강남 테헤란로 일대에 '깔세'로 그럴듯한 단기 임대 사무실을
마련해 은퇴자, 주부, 고령층 등에게 투자를 유도, 일정 기간 ...
하다 갑자기 사무실을 폐쇄하고 ...

매일경제 PiCK · 2025.05.05. · 네이버뉴스

"진짜로 입금됐네, 대박이다"...은퇴한 어르신들 두 눈 가린 가상...
고령층의 '노후 불안'이 가상자산 시장 활황에 따른 '대박 유혹'과 맞물리
며 가상자산 투자 빙자 사기가 독버섯처럼 번지고 있는 것이다. 5월 가정
의달을 어둡게 하는 단면이다. 정부가 대대적인 단속에 나서고 있지만 ...

최근 미국 배당주 투자로 안정된 노후 생활을 할 수 있다고
믿고 주식 시장에 뛰어드는 전업 투자자도 늘고 있다. 하지만 투
자는 시간과 에너지를 쏟아부어야만 하는 영역이다. 하늘에서
뚝 떨어지는 불로소득이 절대 아니다.

한국인에게 가장 잘 알려지고 인기 있는 미국 배당주
ETF(Exchange Traded Fund)인 일명 'SCHD'를 살펴보자. SCHD는
다우존스 미국 배당 100 지수를 추종하는 대표적인 미국 배당주
ETF다. AI 기업과 4차 산업 관련 기술주들이 몰려 있는 나스닥
에 비해, 오랫동안 사업을 영위하며 주주들에게 배당을 지급해
온 기업들로 구성되어 있다. 특히 배당금을 지급한 이력이 있는

미국 기업들 중에서 최소 10년 연속 배당을 늘려온 기업을 엄선한다. 기술주처럼 미래 기대감에 주가가 큰 폭으로 오르지는 않지만, 하락장에서 비교적 잘 버티며 안정적으로 배당을 지급하는 것으로 유명하다.

SCHD의 최근 배당 수익률은 3.51% 수준이다(2026년 1월 31일 기준). 그렇다면 월 350만 원씩 배당소득을 올리기 위해 오로지 SCHD에만 투자한다면 얼마의 자금이 필요할까?

배당소득으로 노후생활비를 충당하기 위해 필요한 투자 금액

필요 투자 금액 = 연간 필요 자금 ÷ 투자 수익률

= (월 노후생활비 350만 원 × 12개월) ÷ 배당 수익률 0.0351

= 필요 투자 금액 11억 9,658만 원

계산 결과 무려 11억 원이 넘는 투자금이 필요하다는 결론이 나온다. 냉정하게 말해 현금 11억 원을 배당주에 투자할 수 있는 자산가라면, 사실 노후 준비에 대한 걱정과 고민이 크지 않은 사람일 가능성이 높다. 대부분의 은퇴자는 이 정도의 거대 자본을 투여하기 어렵다. 결국 이보다 훨씬 적은 자본으로 소득 절벽의 문제를 해결하려다 보니, 무리한 투자나 금융 사기에 노출되는 것이다.

최근 가상 자산에 노후 자금을 투자했다가 문제가 되는 사례가 많아지자, 지방자치단체마다 노후 자금을 노린 금융 사기에 대한 예방 교육을 강화하는 분위기다. 이런 뉴스를 접하다 보면 '아니, 도대체 저런 뻔한 사기에 왜 속는 것일까?'라고 생각하기 쉽다. 하지만 소득 절벽을 마주한 은퇴자들의 절박하고 조급한 마음이 날로 지능화되고 기업화된 전문 사기 수법을 만나면, 이성적인 판단이 흐려져 꼼짝없이 당하는 경우가 많다.

'투자에는 높은 수익을 얻을 가능성이 있는 만큼 높은 위험 또한 따른다'는 투자의 기본 원칙, '리스크-수익 상충 관계(Risk-Return Trade-off)'를 명심하고 다음 3가지 원칙을 반드시 지켜야 한다.

투자의 3원칙

① 내가 알고 이해할 수 있는 것에만 투자하라. → 구조가 이해되지 않으면 절대로 투자해서는 안 된다.

② 누군가 권유한 고수익 투자 정보를 100% 믿지 말라. → 진짜 고수익 정보라면 다른 사람에게 권유하지 않고 본인이 먼저 했을 것이다.

③ 내 돈의 30%를 잃어도 감당할 수 있으면 투자하라. → 없어도 되는 여유 자금이 아니라면 무리한 투자는 금물이다.

③ 건강 리스크

✻

노후의 경제적 안정을 위협하는 또 다른 리스크는 바로 '건강'이다. 경제적으로 아무리 안정되어도 건강이 무너지면 모든 것이 소용없기 때문이다. 단순히 노후 생활 자체를 즐기기 위해서 건강을 챙기는 게 중요하지만, 요즘에는 노후가 길어진 만큼 '경제 활동의 연장'을 위해서도 건강이 필수 자산이 되었다. 노후생활비를 위해 만들어야 하는 여러 가지 현금 흐름 가운데 '사회 활동의 연장'이란 항목이 필수가 되었기 때문이다.

아울러 만약 건강에 문제라도 생긴다면 '의료비 증가'라는 복병을 만나게 된다. 일시적으로 큰 자금이 들어가든, 소소하게 꾸준히 자금이 들어가든 질병은 큰 경제적 충격을 준다. 그래서 요즘 많은 사람이 건강에 투자하는 시간과 비용을 늘리고 있다. 시간과 돈을 투자하지 않아서 건강을 잃게 되면 의료비뿐만 아니라 요양비, 삶의 질 감소 등 막대한 사회적 비용을 치러야 하기 때문이다. 건강의 가치는 경제적으로 환산하기 어려울 정도로 높다.

문제는 건강 문제가 결정적인 순간 안정된 노후의 발목을 잡는 경우가 생각보다 훨씬 많다는 것이다. 우리는 지금부터라도 건강에 시간과 적절한 돈을 써야 한다. 여러분은 건강에 얼마만큼의 시간과 돈을 쓰고 있는가? 솔직히 돈쭐남은 바쁘다는 핑계로 건강에 충분한 투자를 하지 못하고 있다. 방송과 강연, 그리고 유튜브 촬영으로 매일 빼곡한 스케줄을 소화하다 보면, 마음과 건강을 챙길 여유가 없다. 최근 주말에 자전거를 타기를 시작했지만, 그마저도 일주일에 한 번 이상 하기 힘든 것이 현실이다.

운동한다고 무조건 건강이 보장되는 것은 아니다. 하지만 분명한 것은 꾸준한 관리가 노후 경제를 위협할 수 있는 건강 리스크를 줄일 수 있는 가장 확실한 투자라는 점이다.

④ 부부 리스크

＊

평생의 반려자인 부부가 안정된 노후 생활을 위협하는 리스크가 된다는 말이 의아할 수 있다. 하지만 통계청이 발표한 혼인, 이혼 통계를 보면 말이 이해가 된다.

최근 저출생이 심각한 사회적 문제가 되는 가운데, 반가운 소식이 전해졌다. 12년 만에 혼인율이 최대로 증가했다는 뉴스였다. 반면 유독 눈에 띄게 급증하는 수치가 하나 있다. 바로 30년 이상 결혼 생활을 유지한 뒤 이혼하는 황혼 이혼 비율이다. 이 비율은 16.6%로 역대 최대치를 기록했다.

 딱 50부터 노후 준비합시다

◆ 증가하는 황혼 이혼율

혼인율 12년 만에 최대 증가…이혼 감소 속 '황혼 이혼'은 증가

👤 차미경 | 🕐 승인 2025.03.21 11:55 | 💬 댓글 0

> 30대 초반 결혼 급증" 남성 23.8%↑, 여성 24.0%↑
> 황혼 이혼 증가…30년 이상 결혼 후 이혼 비율 16.6%

출처: 데일리팝(2025년 3월 21일)

황혼 이혼이 늘어나는 이유에는 여러 가지가 있겠지만, 우선 여성의 경제 활동 참여가 활발해지면서 경제적 독립이 가능해졌다는 점을 꼽을 수 있다. 그리고 현실적인 이유로 '재산 분할' 문제를 들 수 있다. 이혼 전문 변호사들의 이야기에 따르면, 10년 이내의 이혼에 비해 황혼 이혼은 재산 분할에서 훨씬 유리한 경우가 많다고 한다. 비록 한 명의 배우자만 경제 활동을 했다 하더라도, 30년 이상 결혼 생활을 유지했다면 경제 활동을 하지 않은 상대 배우자 역시 재산 형성에 크게 기여한 것으로 인정받기 때문이다.

따라서 노후 자금을 충분히 마련한 부부라도, 부부간의 불화로 황혼 이혼이라는 리스크를 피하지 못한다면 원치 않게 재산 분할로 노후 자금이 반토막 나 경제적으로 치명상을 입을 수밖에 없다.

⑤ 가족 리스크

＊

노후 안정에 가족이 리스크가 된다는 것은 가족 구성원 때문에 예상치 못한 경제적 지출이 생긴다는 뜻이다. 그중에서도 대표적인 것이 바로 '자녀 문제'다.

최근 '리터루족(Returoo族)'이라는 신조어가 등장했다. '돌아오다(Return)'와 부모 품을 떠나지 않는 '캥거루족'을 합친 말로, 독립했다가 경제적 문제로 다시 부모 집으로 들어온 자녀들을 의미한다. 극심한 취업난, 그리고 취업을 했다 하더라도 감당하기 힘든 주거비 문제 때문에 독립했던 자녀들이 다시 부모님과 합가하는 사례가 늘고 있는 것이다.

JTBC <사건반장>에서 방영된 한 사연은 이러한 세태와 가족 간의 갈등을 적나라하게 보여준다. 간호사인 20대 후반 딸과 함께 살고 있다는 50대 여성 A씨의 이야기다.

돌아온 캥거루족 딸과의 갈등

50대 여성 A씨는 자녀 문제로 고민이 깊다. 아들은 이미 독립해 따로 살고 있지만, 딸은 돈을 아껴야 한다며 독립할 생각이 없다고 한다. 그렇다고 집안일을 분담하는 것도 아니고 가끔 빨래나 청소를 돕는 정도에 그쳐 A씨의 불만이 쌓여갔다.

A씨는 독립해 원룸에서 살면 방세가 들 테니, 집에 사는 동안 생활비 정도는 내야 된다 생각해 딸에게 매달 30만 원씩 생활비를 내라고 말했다. 하지만 딸은 자신은 방세를 아끼려고 집에서 출퇴근하는 '캥거루족'인데 왜 생활비를 내야 하느냐며 이를 거절했다고 한다.

– JTBC 〈사건반장〉(2025년 7월 28일 방영)

사실 이 사연 속 A씨의 사정은 그나마 낫다. 자녀가 취업을 한 상태이기에, 딸의 태도가 괘씸할 수는 있어도 부모의 노후 생활에 치명적일 정도는 아니기 때문이다. 하지만 극심한 취업난 속에 경제 활동조차 하지 못하는 성인 자녀가 부모에게 의존한다면, 부모의 안정된 노후는 발목을 잡힐 수밖에 없다.

지금까지 살펴본 노후를 위협하는 5대 리스크는 모두 우리 주변에서 흔히 일어나는 일들이다. 그중에는 개인의 의지나 노력으로 막기 어려운 없는 것들도 있다. 하지만 어떤 부분이 리스크가 될 수 있는지, 그리고 그것이 어디에서 촉발되는지를 미리 아는 것은 매우 중요하다. 그래야만 아무 대비 없이 속수무책으로 맞닥뜨리는 일만큼은 막을 수 있을 테니 말이다.

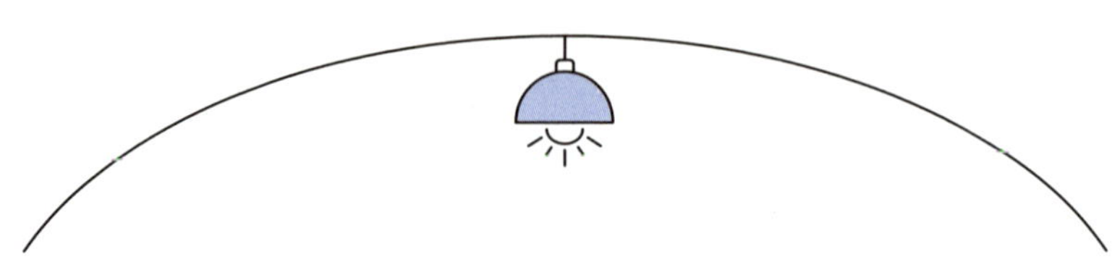

집 한 채에 묶인 노후 자산, 이대로 괜찮을까?

에브리싱 랠리 속에서 소외된 중장년층의 자산

*

2025년은 주식, 부동산, 금 등 모든 자산가치가 동반 상승하는 소위 '에브리싱 랠리(Everything Rally)'의 해였다. 투자 시장에 적극적으로 참여한 사람들에게는 더할 나위 없이 좋은 한 해였지만, 반대로 상승 흐름에 올라타지 못한 사람들에게는 상대적 박탈감과 그에 따른 포모(FOMO, Fear Of Missing Out)가 극에 달한 시간이기도 했다.

부동산 시장은 서울을 중심으로 높은 상승률을 기록했지만, 그 내막을 들여다보면 강남 3구(강남·서초·송파)와 한강변 등 상위 입지만 상승하는 양극화 장세였다. 실제로 상승 온기가 서울 외곽이나 지방으로 퍼지기도 전에, 유동성을 옥죄기 위한 6·27 대책, 9·7 대책, 그리고 10·15 대책이 연이어 발표되면서 시장은 얼어붙었다. 결국 거래가 사실상 멈추면서 "오를 곳만 오르고 끝났다"는 볼멘소리가 터져 나왔다. 이런 혼란스러운 상황 속에서 본격적으로 노후 준비를 해야 하는 중장년층은 새로운 딜레마에 빠져 있다.

최근 청년층과 중장년층 모두가 참석하는 강연장에 가보면 세대 간의 분위기가 극명하게 갈리는 것을 느낀다. 주식 투자 이야기를 꺼내면 청년들의 눈은 반짝인다. 비록 월급은 적더라도 올해 미국 주식이나 한국 주식에 적극적으로 투자해 꽤 쏠쏠한 성과를 거뒀기 때문이다. 그들은 앞으로 이 상승장이 얼마나 더 이어질지 질문하며 열의를 보인다. 반면 이야기를 듣는 중장년층의 표정은 어둡고 시무룩하다. 올해 역대급 호황이었던 주식 시장에 참여하지 못했거나, 참여했더라도 투자액이 소액에 그친 경우가 대부분이기 때문이다.

투자에 적극적이지 못했던 이유는 명확하다. 중장년층의 자산 대부분이 '아파트'에, 즉 깔고 앉은 부동산에 묶여 있기 때문이다. 노후 준비의 골든 타임이라 할 수 있는 40대 중반부터 50대 초반은 아파트를 구매했을 때 일으킨 대출 원리금을 갚느라 투자 여력이 바닥난 경우가 허다하다. 특히 부동산 광풍이 불던 2020년, 2021년에 '지금 아니면 평생 집을 못 산다'는 불안감에 '영끌(영혼까지 끌어모아 대출)'로 집을 산 사람들의 고통은 더욱 크다. 대출 비중이 적다면 집값이 더디게 올라도 버틸 수 있지만, 과도한 레버리지(Leverage)를 일으킨 경우라면 이야기가 달라진다.

포모가 만든
'영끌 매수'의 후폭풍

*

얼마 전, 대기업에 다니는 40대 중반의 구독자가 메일을 보내왔다. 그의 사연은 현재 대한민국 중장년층이 겪고 있는 전형적인 고민을 담고 있었다. 그는 집값 상승이 한창이던 2020년, 조급한 마음에 9억 6,000만 원에 서울 아파트를 매수했다. 어디까지를 영끌이라 정의해야 할지 모르겠지만, 당시 신용대출과 주택담보대출을 모두 활용했다. 현재 남은 주택담보대출 잔액은 4억 5,000만 원. 여기에 생활비 부족을 메우느라 마이너스 통장 빚이 7,700만 원이나 늘어났다. 결국 부채만 5억 2,700만 원에 달하는 상황이다.

아이가 중학교 1학년, 초등학교 4학년이 되면서 사교육비는 눈덩이처럼 불어나는데, 매달 대출 원리금을 상환하고 나면 생활비는 늘 부족하다. 그는 이제라도 집을 팔고 다시 무주택자로 돌아가야 하는 것 아니냐며 절박한 심정으로 돈쭐남에게 조언을 구했다. 돈쭐남은 이 구독자의 상황이야말로 노후 준비를 가로막는 우리 시대의 슬픈 자화상이라고 생각했다.

사실 이 모든 고민의 시작점은 '포모'였다. 2020년 당시에는 지금 안 사면 영원히 집을 못 살 것이라는 공포가 그를 무리한 매수로 이끌었다. 그런데 따지고 보면 지금 집을 팔지 말지를 고민하는 이유 또한 또 다른 형태의 포모다. 자신은 매월 200만 원이 넘는 주택담보대출 원리금을 상환하느라 허덕이며 아무런 투자도 못 하고 있는데, 주변 동료들은 나스닥과 S&P 500의 연일 최고가 경신으로 자산이 불어나는 기쁨을 만끽하고 있다는 소식을 듣고 '나만 벼락거지가 되는 것 아닌가' 하는 박탈감이 들어 그를 다시 한번 흔들고 있는 것이다.

그런데 한 가지 이상한 점이 있었다. 구독자의 월 합산 소득

자산		가족 및 소득	
구분	금액	구분	월 소득
아파트 (전용 84 ㎡)	실거래가: 11억 원	본인	700만 원
	매입가: 9억 6,000만 원	배우자	250만 원
	대출 잔액: 5억 2,700만 원	합계	950만 원

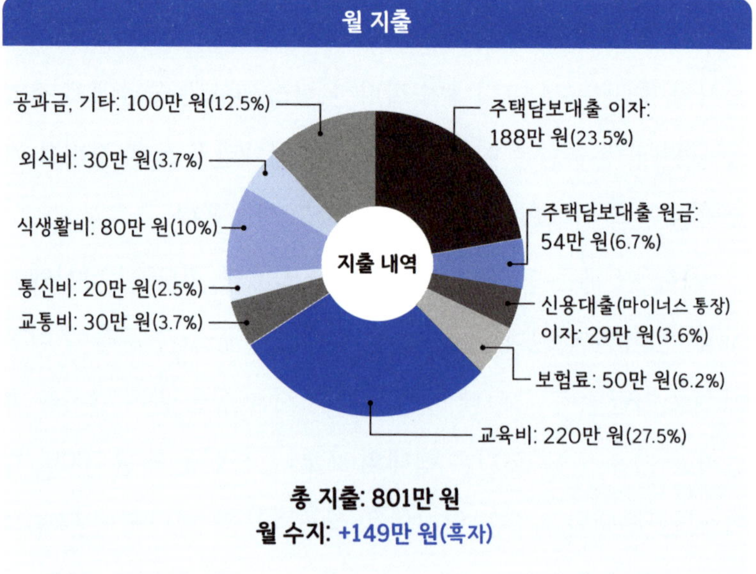

은 950만 원, 월 지출은 801만 원이니 매달 149만 원이 남아야 하는데, 왜 구독자의 마이너스 통장 빚이 있는 걸까?

이는 매월 고정적으로 지출하는 돈이 아니라, 특정 시기에만 발생하는 비정기 지출, 즉 계절 지출로 빠져나갔을 가능성이 크다. 명절·여행·이벤트 비용 등은 매달 나가는 돈이 아니다 보니 가계부를 쓸 때 꼼꼼히 체크하지 않으면 누락되기 십상이다.

계절 지출 비용 목록

① 명절(설, 추석): 양가 선물 비용, 귀성 교통비 등

② 여행: 방학이나 연휴에 다녀온 해외 여행

③ 이벤트: 양가 부모님 생신 4번과 어버이날, 가족 4명의 생일과 결혼

　　　기념일 등

④ 자동차: 보험료와 자동차세

⑤ 아파트: 재산세

⑥ 동절기 : 의류 구입

구독자는 현재 매월 주택담보대출 원금 54만 원을 상환하는 것 외에 노후를 위한 별도의 저축을 전혀 하지 못하고 있다. 따라서 사라진 149만 원은 고스란히 이러한 계절 지출로 녹아 없어졌다고 봐야 한다.

사실 가구 소득으로 월 950만 원은 결코 적지 않다. 하지만 매월 대출 원리금으로 271만 원, 자녀 교육비로 220만 원이라는 막대한 고정비가 지출되다 보니, 원금 54만 원을 상환하는 것 외

에는 노후 준비를 전혀 할 수 없는 상황이다. 게다가 지난 5년간 '아파트 가격이 폭등한다'는 뉴스 홍수 속에서도, 2020년에 매수한 이 아파트는 고작 1억 4,000만 원 남짓 오르는 데 그쳤다. 남들은 몇억씩 벌었다는데 나만 제자리걸음인 것 같은 상대적 박탈감과 포모가 극에 달했을 것이다.

집을 팔고 투자해야 할까?

*

그렇다면 지금이라도 대출 이자 부담을 줄이기 위해 집을 팔고 전세로 전환하는 것이 맞을까? 그전에 이 집이 유독 오르지 않은 이유부터 분석해 보자. 집값에 영향을 미치는 변수는 너무나 복잡하고 다양해서 딱 하나를 꼬집어 말할 수는 없다. 하지만 분명한 것은 시장이 이 집에 관심과 기대치가 상대적으로 낮다는 점이다. 시장의 기대를 파악하는 가장 확실한 지표는 바로 '투자 가치', 즉 '갭(Gap)'이다.

이 집의 전세가는 6억 7,500만 원으로, 매매가 11억 원 대비 전세가율은 61%다. 이는 같은 구의 평균 전세가율 53%에 비해 상당히 높은 편이다. 전세가율이 높다는 것은 어떻게 해석해야 할까? 전세가가 높다고 평가해야 할까? 아니면 전세가에 비해 집값이 낮다고 평가해야 할까? 냉정하게 말해 후자다. 전세가는 '사용가치'다. 즉 집을 빌리는 사람이 지불할 용의가 있는 가격으로, 실제 거주 만족도를 나타낸다. 하지만 집값(매매가)에는 이 사용가치에 사람들이 생각하는 '투자가치'가 더해진 것이다.

집값 = 사용가치(전세가) + 투자가치(미래 기대치)

따라서 전세가율이 높다는 것은 그만큼 미래 상승에 대한 기대분인 '투자가치'가 낮게 책정되어 있다는 뜻이고, 시장의 낮은 기대치처럼 실제로도 그만큼 덜 오를 가능성이 높다. 특히 코로나19로 한국은행이 금리를 0.5%까지 낮추며 시장에 엄청난 유동성을 풀었던 2020년, 2021년의 상승장에서 공포감을 이기지 못하고 최고점에 매수한 것이 화근이었다. 10년 시계열로 넓혀봐도 2015년 대비 서울 아파트 가격이 평균 20~30% 상승했음에도 구독자의 아파트는 이에 못 미치는 15% 상승에 머물렀다.

그렇다면 현재 매월 납입하는 대출 이자 217만 원은 '투자'일까, 아니면 '비용'일까? 만일 이 집이 이자 비용 이상으로 꾸준히 상승한다면 훌륭한 투자라고 할 수 있다. 하지만 그만큼 집값이 오르지 않는다면, 그 돈은 고스란히 허공으로 사라지는 '비용'이 되고 만다.

① 전세로 전환해 남는 돈을 모두 투자하는 경우

이를 확인하기 위해 집을 팔고 전세로 전환, 향후 10년간 순자산이 얼마나 늘어날지 계산해 보자. 현재 구독자의 순자산은 5억 7,300만 원이다. 만일 집을 팔고 남는 돈 5억 7,300만 원으로 이 집에 전세로 들어가려면 약 1억 3,000만 원 정도의 전세자금대출이 필요하다. 계산하기 용이하게 1억 원을 받는다고 가정해 보자. 1억 원을 금리 5%로 빌리면 이자는 월 41만 원 정도다. 기존에 대출 이자로 월 217만 원이 나가던 것에서 이자는 41만 원으로 줄어드니, 월 176만 원의 여유 자금이 생긴다. 여기에 매월 상환하던 원금 54만 원까지 더하면 총 230만 원의 투자 여력이 생긴다는 계산이 나온다.

그렇다면 월 230만 원을 10년간 꾸준히 투자하면 자산은 얼마나 불어날까? 지난 10년간 S&P 500 지수는 258%가 올랐다. 하지만 이것은 10년 전에 목돈을 S&P 500 지수에 투자한 뒤 10년간 단 한 번도 매도하지 않았다는 가정하에 나올 수 있는 수익률이다. 만약 10년 전에 매월 적립식으로 투자했다면 수익률은 이보다 훨씬 낮아 절반 수준에도 못 미쳤을 것이다.

10년간 매월 230만 원을 적립식으로 투자한다고 가정했을 때 수익률에 따라 10년 후 자산이 얼마나 불어나는지 가정해 보자.

　　　　　　　　　　　　　　　　　딱 50부터 노후 준비합시다

- 긍정적 시나리오 (연 10% 수익, 예금 금리의 4배): 4억 1,515만 원

- 아주 긍정적 시나리오 (연 15% 수익, 예금 금리의 6배): 4억 8,472만 원

아마 이 숫자를 보면 좀 의아하게 생각될 것이다. 매월 230만 원이면 원금만 2억 7,600만 원이 들어갔는데, 연 10%라는 훌륭한 수익률에도 불구하고 왜 생각보다 불어난 금액이 적은 것일까? 바로 거치식이 아닌 '적립식'이라서 그렇다. 초기 자본이 작다 보니 이자가 이자를 낳는 '스노우볼 효과(Snowball effect)'가 제대로 발휘되지 않았기 때문이다.

그렇다면 10년 후, 전세로 전환한 이 가정의 총 순자산은 다음과 같이 계산된다(최대 수익률을 가정했다).

전세금 5억 7,300만 원 + 투자 평가액(수익률 15%) 4억 8,472만 원
= 순자산 10억 5,772만 원

② 집을 그대로 보유하는 경우

반대로 집을 팔지 않고 그대로 보유한다면 이 집값은 얼마나 오를까? 물론 이것도 예측일 뿐이다. 집값의 단기(1~2년) 예측은 신의 영역이지만, 10년에서 15년 정도의 장기간 평균 상승률을

예측하는 것은 상대적으로 수월하다.

서울 아파트의 10년 평균 상승률은 국채 10년물 금리의 1.5배 수준으로 수렴한다고 가정해 보자. 우리나라는 디플레이션 경제가 아니므로 집값이 수억 원씩 폭락해 유지되는 현상은 좀처럼 나타나기 어렵다. 물론 최근처럼 이례적인 급등으로 한꺼번에 5억, 10억 원이 올랐다면 이후 조정기를 거치며 3억~5억 원 정도 낮아질 수는 있겠지만, 서울 아파트 전체 평균이 장기적으로 폭락하는 일은 구조적으로 발생하기 어렵다.

분명 앞으로의 집값 상승률은 과거 폭등기보다는 낮아질 것이다. 중간에 금리를 이례적으로 2% 미만으로 낮출 일이 생기지 않는다면, 장기적으로 국채 10년물 금리의 1.5배 수준으로 수렴할 가능성이 높다. 현재 수준에서 보면 연 4.5% 수준의 상승을 예상할 수 있다.

이 아파트의 연평균 상승률을 4.5%로 가정해 보자.

연 4.5% 상승 시 10년 후 집값

- 11억 원 × $(1 + 0.045)^{10}$ = 17억 원

- 10년 후 대출 잔액: 현재보다 8,400만 원 줄어든 4억 4,300만 원

※ 대출 기간 30년, 대출 금리 5%, 원리금균등상환 가정

이 경우 순자산은 다음과 같다.

17억 원 − 4억 4,300만 원 = 12억 5,700만 원

하지만 이 아파트는 투자가치가 상대적으로 다른 아파트에 비해 낮으므로, 서울 아파트 연 평균 상승률인 4.5%를 적용하는 게 무리라고 생각될 수 있다. 그렇다면 보수적으로 70% 수준만 적용해 보자.

연 3.2% 상승 시 10년 후 집값

11억 원 × $(1 + 0.032)^{10}$ = 15억 원

이 경우 순자산은 다음과 같다.

15억 원 − 4억 4,300만 원 = 10억 5,700만 원

전세 전환 시 vs. 집 보유 시

✻

결과를 비교해 보자. 주식이 연 15%씩 10년 내내 상승했을 때(순

자산 약 10억 5,772만 원)와, 아파트를 보유하며 연 3.2% 수준으로 보수적인 상승을 했을 경우(순자산 약 10억 5,700만 원) 10년 후 순자산은 비슷한 수준이다.

하지만 이사는 부동산 중개료, 이사비, 양도세 등 여러 가지 거래 비용과 주거 불안정이라는 기회비용이 발생한다. 이를 감안하면 돈쫄남은 굳이 무리해서 집을 팔고 투자를 감행할 필요는 없다고 생각한다. 따라서 중장년층도 매월 몇백만 원을 대출 원리금으로 상환하고 있다면, '나는 투자를 전혀 못 하고 있다'는 죄책감을 가질 필요는 없다. 대출을 상환하는 행위 자체가 훌륭한 투자이기 때문이다.

좀 더 구체적인 데이터를 통해 이 아파트의 가치를 분석해 보자. 예시로 든 아파트와 비슷한 수준의 신동아 파밀리에 아파트의 경우 현재 집값은 10억 5,200만 원, 전세가는 7억 원으로 전세가율이 약 67%다. 서울 아파트치고는 전세가율이 엄청나게 높은 편이다.

이 아파트의 기대 수익률을 역산해 보자. 전세가 1억 원당 월세 45만 원을 기준으로 계산하면 연간 임대 수익의 가치는 다음과 같다.

- 7 × 45만 원 × 12개월 = 3,780만 원

딱 50부터 노후 준비합시다

- 연간 현금 흐름: 3,780만 원

- 현재 명목 수익률: 3,780만 원 ÷ 10억 5,200만 원 = 3.6%

보통 부동산의 가격 결정 모형(고든의 성장 모형)은 다음과 같다.

$$\text{집값} = \frac{\text{연간 현금 흐름}}{\text{요구 수익률} - \text{성장률} \rightarrow \text{기대치}}$$

이를 대입해 보면 시장이 이 아파트에 기대하는 성장률을 알수 있다. 주택은 보유세, 거래 비용 등이 발생하기 때문에 예금이자율보다 최소 2~3배 높은 수익률이 필요하다. 이를 '요구 수익률'이라고 한다. 여기서는 예금 이자율의 2배 수준인 5%를 가정해 보자.

$$10억\ 5,200만\ 원 = \frac{3,780만\ 원}{5\% - 1.4\% = 3.6\%}$$

요구 수익률이 5%인데 명목 수익률이 3.6%이니, 시장은 이 아파트의 성장률을 1.4% 수준으로 낮게 보고 있다는 뜻이다.

반면 투자가치가 높다고 평가받는 반포 래미안 퍼스티지를 살펴보자. 현재 집값은 55억 원, 전세가는 17억 원으로 전세가율은 31%다. 신동아 파밀리에 아파트 전세가율의 절반 수준이다.

$$55억 원 = \frac{9,180만 원}{5\% - 3.3\% = 1.7\%}$$

시장은 반포 래미안 퍼스티지의 성장률을 3.3%로 보고 있다 (요구 수익률 5% 가정). 신동아 파밀리에(1.4%)에 비해 시장의 기대치가 약 2.4배나 높다. 쉽게 말해 다른 아파트가 1억 원 오를 때, 이 아파트는 2억 원 4,000만 원 오를 것이라고 시장은 기대하고 있다는 뜻이다.

다시 돌아와서, 서울 아파트 10년 평균 상승률을 국채 금리의 1.5배인 4.5%로 가정했을 때, 신동아 파밀리에의 미래 가격은 어떻게 될까?

시나리오 ①: 서울 평균 상승률 4.5% 적용

- 10억 5,200만 원 × $(1 + 0.045)^{10}$ = 16억 3,400만 원
- 10년 후 대출 잔액: 4억 4,300만 원
- 순자산: 11억 9,100만 원

시나리오 ②: 보수적으로 서울 평균 상승률의 60%(성장률 2.7%) 적용

- 10억 5,200만 원 × $(1 + 0.027)^{10}$ = 13억 7,300만 원

딱 50부터 노후 준비합시다

- 10년 후 대출 잔액: 4억 4,300만 원

- 순자산: 9억 3,000만 원

※ 대출 기간 30년, 대출 금리 5%, 원리금균등상환 가정

결론적으로 구독자의 경우, 무리하게 집을 팔고 전세로 전환해서 남은 돈으로 공격적인 투자를 감행하는 것보다, 현재의 집을 지키는 것이 훨씬 더 안전하고 합리적인 선택이 될 수 있다.

앞서 계산해 봤듯이, 전세로 전환 후 남은 차액을 투자해 매년 15%라는 경이적인 수익률을 10년 내내 유지해야만 겨우 집을 보유했을 때의 자산가치와 비슷해진다. 하지만 냉정하게 생각해 보자. 주식 시장에서 개인이 10년 연속으로 매년 15%씩 수익을 낸다는 것은 워런 버핏(Warren Buffett)이나 가능한 일이지, 평범한 은퇴 예정자에게는 불가능에 가까운 미션이다. 자칫 한 번의 폭락장을 만나면 수익은커녕 원금마저 크게 훼손된다.

반면 집을 보유하는 것은 비록 엄청난 수익률은 없을지라도 '주거의 안정'이라는 확실한 배당을 매일 받으면서, 인플레이션만큼의 자산 방어를 해내는 가장 보수적이고 안전한 투자다.

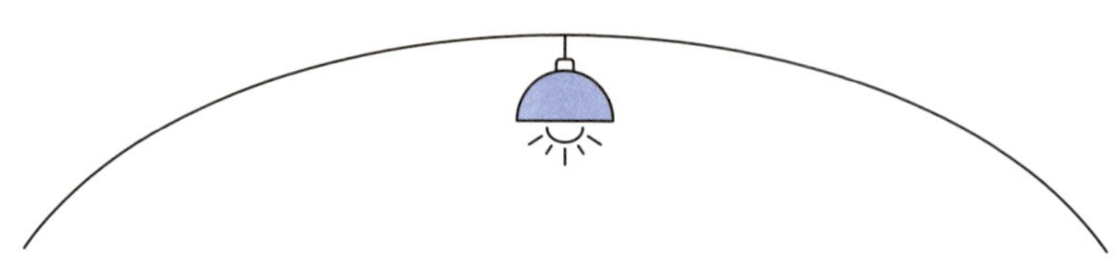

노후 준비를 위해 점검해야 할 3가지

앞서 언급한 대로 이제는 은퇴한 이후에도 소득 활동을 이어가는 것이 필수인 시대가 되었다. 그렇다면 건강은 두말할 필요도 없을 만큼 중요한 자산이 된다. 건강이란 저속 은퇴를 위한 필수 조건이자 노후 생활에서 가장 중요한 밑천이 된다.

그러나 안정된 노후를 위해서는 건강만으로 충분하지 않다. 소득 수준에 맞지 않은 지출과 과도한 대출 부담을 관리하는 일 또한 중요하다. 결국 노후 준비의 핵심은 건강, 지출, 대출이라는

3가지 요소를 어떻게 관리하느냐에 달려 있다. 지금부터 성공적인 노후 준비를 위해 반드시 점검해야 할 '3가지 지수'를 살펴보자.

① 체질량지수

*

체질량지수란 키와 몸무게를 이용해 비만의 정도를 추정하는 지수다. 본인의 체중(kg)을 키(m)의 제곱으로 나눠 계산하는데, 보통 건강검진에서는 30 이상을 비만으로 보는 반면, 대한비만학회는 25 이상을 비만으로 판정한다.

비만은 모든 성인병의 원인이 된다. 노후 준비를 하는 장년층에게 비만은 단순히 외형의 문제가 아니다. 살이 찌면 건강을 해칠 뿐만 아니라 활동력이 떨어져서 건강한 노후 생활에도 지장이 생기고, 돈쭐남이 계속 강조하는 저속 은퇴를 방해하는 결정적인 요소가 된다.

따라서 흔히 노후 준비라고 하면 자꾸 재정적인 면(돈)에만 치우쳐 생각하는 경향이 있는데, 사실 체중 관리를 통한 건강 관리를 하는 것이야말로 가장 중요하고 기초적인 노후 준비일 것이다. 만일 건강이 뒷받침되지 못한다면 곧바로 재무 악화로 이어질 가능성이 많다. 그 이유는 다음과 같다.

첫째는 '의료비 증가'다. 젊은 시절에는 아프면 약 먹고 며칠 쉬거나 병원에서 치료받으면 금방 나았지만, 나이 들어서 병이 생기면 상황이 다르다. 치료 기간도 길어지고 병세가 심하면 간병이 필요한 경우까지 발생해, 그야말로 의료비는 눈덩이처럼 불어나 가계를 위협한다.

둘째는 '소득 상실에 따른 비용'이다. 건강하다면 경제 활동으로 '반퇴소득'을 벌 수 있지만 건강이 악화되면 경제 활동 기회가 사라지게 된다. 일할 수 없는 몸이 되면 들어올 돈도 끊기는 것이다.

셋째는 '기본 생활비 증가'다. 집안에 아픈 사람이 있으면 가사 분담에 문제가 생기고 일상생활에서 지장이 커지면서, 이를 해결하기 위한 외주비나 관리비 등 기본 생활비가 늘어난다.

따라서 중장년층 때부터 건강에 시간과 적절한 돈을 아낌없이 투자해야 한다. 좋은 음식과 약을 잘 챙기는 것도 중요하지만, 운동도 각별히 신경 써야 한다. 노동에 비해 운동은 당장의 금전적 보상이 없다. 노동은 즉각적으로 돈이 나오지만, 운동은 당장 통장에 돈이 입금되는 것이 아니기 때문이다. 하지만 건강을 유지하는 일은 미래에 지출될 막대한 의료비를 미리 절감하는 가장 확실한 재테크임을 명심하자.

② 차질량지수

✳

한국인은 활동기, 특히 젊은 시절에 자신의 소득 수준보다 1~2단계 위의 차를 타려는 경향이 강하다. 차를 단순한 이동 수단이 아니라 자신의 사회적 지위나 경제력, 그리고 또 하나의 '명함'으로 생각하는 문화 때문이다. 물론 그 심리는 이해하지만, 이런 선택은 결국 두고두고 본인의 경제력을 발목 잡게 된다.

왜냐하면 차는 한 번 소비로 끝나는 것이 아니기 때문이다. 보통 '내구재'라고 하면 그 성능이 오래도록 유지될 것이란 전제로 한꺼번에 큰돈을 지불하고 사는 물건을 말한다. 하지만 차는 내구재가 아니다. 사용하는 동안 지속해서 발생하는 유지비라는 것이 존재하며, 이것은 차가 클수록, 비쌀수록 기하급수적으로 늘어난다.

◆ 차질량지수

허세 없음		정상		과한 허세	고도 허세	허세 작렬
0	0.7	1.0	1.5	2.0	2.5	

$$차질량지수 = \frac{차값}{6개월\ 치\ 월\ 소득}$$

따라서 차는 엄밀히 말해 자산이나 내구재라기보다 '소비재'이며, 지속적으로 돈을 잡아먹는 하마와 같다. 자신의 소득보다 높은 단계의 차를 탄다면 당연히 경제적으로 큰 부담이 생길 수밖에 없다. 특히나 과도한 차량 유지비는 노후 준비에 치명적인 방해 요소가 될 수 있기 때문에 각별히 주의해야 한다.

중장년층 기준 적정 차질량지수는 0.7~1.5다. 이보다 높다면 이미 노후 준비는 실패에 가까워지고 있다고 봐도 무방하다. 따라서 노후에는 차질량지수를 1 이하로 유지하도록 은퇴 10년 전부터 차값의 군살을 빼는 훈련이 필요하다.

차질량지수 기준(중장년층 기준)

- 0.7 ~ 1.5 미만: 정상

- 1.5 이상: 과한 허세(경제적 위험 신호)

- 2.0 이상: 고도 허세(심각한 재무 위험)

설사 그동안 소득에 비해 차질량지수가 '과한 허세' 이상이었다면, 이제부터라도 정상 수준으로 낮추는 결단이 필요하다. 사실 집이나 차 같은 생활 수준은 한 번 올라가면 다시 내리기 쉽지 않다. 그럼에도 하루라도 빨리 소득에 맞는 차로 바꿔 차질량지수를 낮춰야만 우리가 꿈꾸는 안정된 노후를 준비할 수 있다.

 딱 50부터 노후 준비합시다

2025년 국내에서 가장 많이 팔린 국산차는 기아자동차의 쏘렌토다. 돈쭐남이 쏘렌토의 유지비를 대략적으로 계산해 봤다. 감가비와 할부금은 일부 겹치는 부분이 있다고 할 수 있으므로 그 부분을 감안하더라도 월 120만 원 정도를 유지비로 지출해야 한다. 만일 월급 300만 원인 사람이 쏘렌토를 신차를 구매한다면, 인도받는 날부터 실질 월급은 180만 원이 되는 셈이다.

◆ 쏘렌토 월 유지비

① 감가비(할부 이용과 상계, 5년 기준) = **42만 원**

② 취득세(5년 기준 월분할 계산) = **4만 7,000원**

③ 자동차세 = **4.7만 원**

④ 보험료(평균 기준 130만 원 적용) = **10만 8,000원**

⑤ 주유비(월평균 600km 기준) = **15만 원**

⑥ 주차비(월평균 1시간씩 5회) = **3만 원**

⑦ 세차비(월평균 1회) = **2만 원**

⑧ 소모품비(월평균 1회) = **5만 원**

⑨ 대리비(월평균 1회) = **3만 원**

⑩ 발렛비(월평균 5회) = **1만 5,000원**

⑪ 범칙금(월평균 0.5회) = **2만 원**

⑫ 할부금(1,000만 원 선납) = **49만 8,000원**

→ **월 143만 5,000원**

③ 차입질량지수

✳

우리는 부채에 대해 상당히 관대한 편이다. 직장 생활을 시작하자마자 무작정 마이너스 통장을 개설하기도 하고, 직장인이라면 몇천만 원 정도의 신용대출쯤은 대수롭지 않게 생각하는 경우도 많다. 하지만 청년기를 지나 노후 준비에 들어가는 중장년층이 되면 이제는 부채에 대해 경각심을 가져야 한다. 노후 준비에서 부채는 가장 큰 걸림돌이기 때문이다.

노후 준비란 미래에 근로소득 이외에 자본소득으로 꾸준한 '플러스 현금 흐름'을 만들어 내는 것이다. 그런데 부채는 정반대로 미래에 '마이너스의 현금 흐름'을 만들어 낸다. 물론 미래의 자본소득을 위해 레버리지라는 이름으로 만든 부채도 있다. 예를 들어 지금 살고 있는 아파트의 주택담보대출은 이자 부담이 있지만, 미래에 집값이 올라간다면 그 이자 비용은 건전한 투자가 될 수 있다. 하지만 생각만큼 집값이 오르지 않으면 이자는 단순한 비용이 되고 만다.

따라서 자산 증식을 위한 주택담보대출이나 사업을 위한 대출이라면 몰라도, 마이너스 통장과 같은 신용대출과 카드 빚은 상대적으로 '악성 부채'다. 이 부채부터 청산하는 노력을 해서 재정 건전성을 올려야 한다.

 딱 50부터 노후 준비합시다

◆ 차입질량지수

저신용	정상 신용	신용 위험	신용 고위험	신용 초고위험

0   0.3   1.5   2.0   2.5

$$지수 = \frac{총\ 차입금}{3개월\ 치\ 소득}$$

※ 남은 할부 금액 모두 포함
※ 주택담보대출과 전세자금대출 제외
※ 마이너스 통장을 포함한 모든 신용대출 포함
※ 마이너스 통장은 설정 금액이 아닌 사용 금액

　재정 건전성은 차입질량지수로 자가 진단해 볼 수 있다. 차입질량지수는 현재 소득 수준에 비해서 부채가 얼마인지를 계산해 재정 건전성을 따져보는 지표다. 이 지수는 원금이 보전되는 주택담보대출과 전세자금대출을 제외한 모든 신용대출이 자신의 소득에 비해 얼마나 과한지를 나타낸다. 부채가 자신의 3개월 치 소득의 1.5배 이내라면 정상 범위로 본다. 즉 부채가 월 소득의 4.5개월 치 정도까지는 재정 건전성에 큰 문제가 없다. 이 수준을 넘으면 정상적인 소비 생활을 유지하면서 빚을 상환하기란 사실상 불가능하다.

　노후 준비 과정에서는 '3가지 지수'(체질량지수, 차질량지수, 차입질량지수)를 꾸준히 점검하고 관리해야 한다. 노후를 맞이하기 전까지 생활비 수준을 미리 낮춰두는 일은 매우 중요하기 때문이다. 생활비는 단순히 물가의 영향만 받는 것이 아니다. 사람은 한 번 형성된 소비 습관을 쉽게 바꾸지 못하는 경향이 있기 때문에, 지금의 생활비 가운데 노후에 부담이 될 수 있는 요소는 미리 줄여두는 훈련을 해야 한다. 이러한 준비를 은퇴를 앞두고 갑자기 시작하기보다는 충분한 시간을 두고 서서히 해두는 것이 바람직하다.

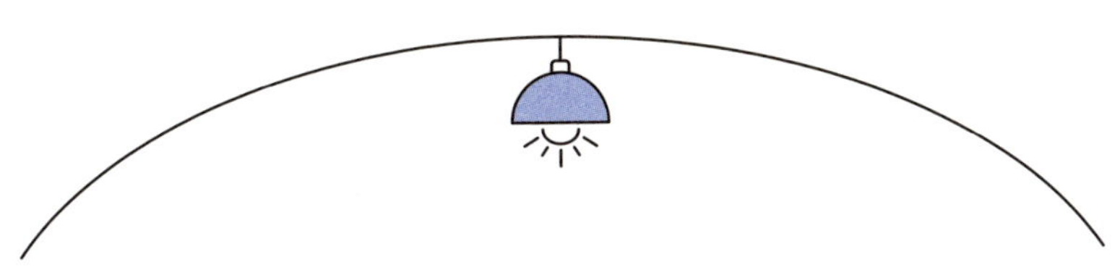

자녀를 위한 희생이 노후를 망친다

노년층이 일을 놓지 못하는 이유

*

노후 준비를 좀 더 일찍부터 적극적으로 하지 못하는 결정적인 이유 가운데 하나는 바로 '자녀에 대한 과도한 지원'이다. 모든 부모 마음이 매한가지겠지만, 사실 우리나라 부모들은 자신을 희생해서라도 자녀를 지원하는 것이 옳다고 믿는 인식이 유독

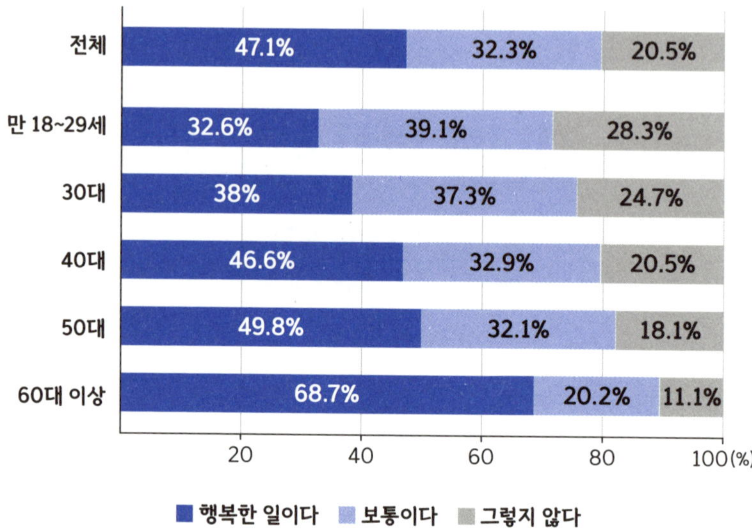

출처: 피앰아이

강하다.

피앰아이가 2024년 5월에 발표한 설문 조사 결과에 따르면, '자신을 희생하더라도 자녀 양육은 행복한 것'이라고 대답한 비율이 30대는 38%, 40대는 46.6%, 50대는 49.8%인 반면, 60대는 무려 68.7%로 가장 높게 나타났다. 이것이 바로 자신의 노후 준비는 뒤로 미룬 채 무턱대고 자녀를 위해 자신을 희생하는 부모 세대가 많은 근본적인 원인이다.

실제로 2013년 4월 16일 MBC <PD수첩>에서 소개된 에피소드는 이러한 현실을 적나라하게 보여준다.

박씨는 남편과 사별하고 홀로 키운 삼남매가 돈을 요구하자, 집을 담보로 대출을 받아 약 1억 원을 지원했다. 현재 대출 이자만 한 달에 50만 원 넘게 상환하고 있다. 기초연금이 월수입의 전부인 박씨는 이자를 갚기 위해 또 다시 대출을 받고 고시원 생활 중이다. '이러다 기껏 마련한 집까지 잃는 것은 아닐까?' 하는 걱정에 우울증까지 겪고 있다. 79세인 박씨는 주변에서 100세 시대라며 90세, 100세까지 산다고 하는 이야기를 들을 때마다 마음이 떨린다고 한다. 박씨에게는 장수가 축복이 아니라 재앙이라는 생각에 공포로 다가오기 때문이다. 하지만 자녀들은 이를 외면하고 원금은커녕 이자조차 한 푼도 갚지 않는 상황이다.

– MBC 〈PD수첩〉(2013년 4월 16일 방영)

그나마 이 상황은 나은 편일지도 모른다. 방송에 소개된 또 다른 에피소드는 더욱 기가 막히다.

정씨는 71세가 넘는 나이에 낮에는 파출부, 밤에는 식당 일을 하며 하루 3시간 남짓한 쪽잠으로 버티고 있다. 살던 전셋집을 정리하고 고시원을 택한 이유는 다름 아닌 아들의 사업 빚 때문이었다. 그간 아들의 사업 빚을 대신 갚아준 돈만 1억 원이 넘는다고 한다. 술 마시기 좋아하고 친구 좋아하는 아들 때문에 사업을 해도 버는 돈보다 나가는 월세나 직원 월급이 더 많았다. 카드 빚에 현금 서비스까지, 아들이 만든 빚은 고스란히 어머니 정씨의 몫이 되었다. 어떻게든 아들을 살려보려 유일한 노후 자금인 전세 보증금까지 쏟아부은 어머니 정씨는 지금도 하루 종일 고된 노동을 한 뒤 1평 남짓한 고시원 방에 힘겹게 몸을 누인다.

– MBC 〈PD수첩〉(2013년 4월 16일 방영)

이처럼 자신의 노후 대비 없이 자녀에게 모든 것을 희생해 일을 놓지 못하는 노년층이 많다. 즉 자아실현이나 활력 있는 삶을 위해서가 아니라, 대부분 생계 유지를 위해서 힘들게 일하는 노년층이 많다.

실제로 2024년 통계청이 조사한 내용에 따르면 은퇴 가구 중에서 '생활비가 여유 있다'는 응답은 고작 10.5%에 불과했고, 과반인 57%가 노후생활비가 부족하다고 답했다.

노년층은 월수입만으로 생활을 유지하기 어려운 경우가 대부분이다. 설령 집 한 채가 있어도 그 집을 지킬 수 있는 경제력

   딱 50부터 노후 준비합시다

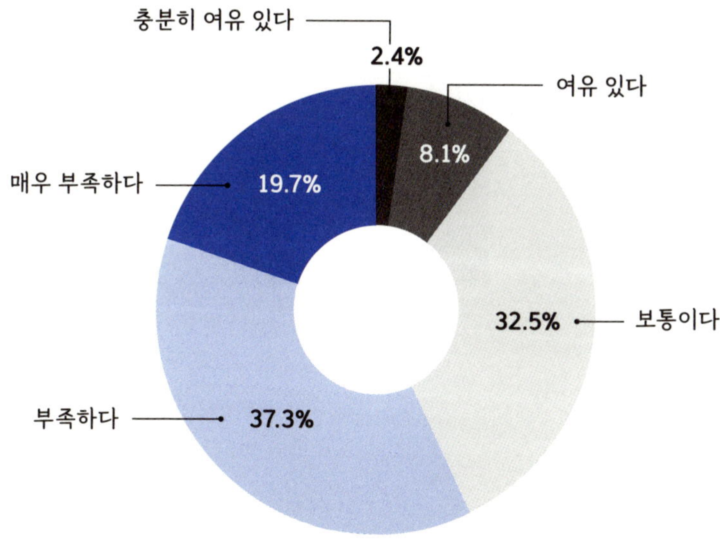

이 부족한 경우가 많다. 상황이 이렇다 보니 마지막 보루인 집마저 노후 자금으로 바꾸면서 은퇴 이후 극빈층으로 전락하는 사람도 많다. 자녀가 사전에 부모의 유일한 재산인 집을 현금화해 사업 자금 등으로 요구하는 경우도 있고, 부모 스스로 생활비 부족을 견디지 못해 집을 파는 경우다. 실제로 자가를 보유하고 있다가 전세나 월세로 주거 하향 이동을 하는 비율이 다른 연령대에 비해 노년층에서 유독 높게 나타나는 이유가 바로 이 때문이다.

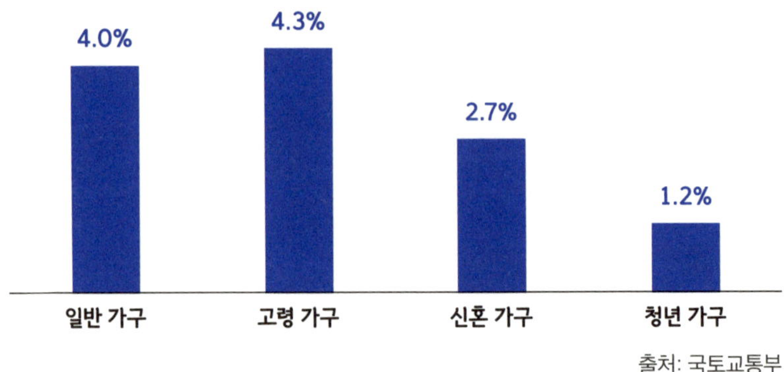

노후를 포기하지 않았다면
지켜야 할 3가지 원칙

✱

이 이야기의 주인공이 여러분이 되고 싶지 않다면, 즉 노후를 포기할 마음이 없다면 반드시 다음 3가지 원칙을 지켜야 한다.

① 재산을 줄이면서까지 자녀에게 지원하지 않기

첫째, 재산을 줄여서까지 자녀에게 돈을 주지 말아야 한다. 투자에서도 원금을 최대한 보존하는 것이 기본 원칙이다. 사는 집을 줄이거나 팔아서 돈을 주고, 퇴직금을 사업 자금으로 대주고, 연금과 생활비로 자녀를 돕는 경우가 많다. 하지만 이는 자녀를 돕는 것이 아니라 자녀의 '생존력'을 없애버리는 잘못된 선택이다. 앞서 소개한 에피소드들이 주는 교훈은 자녀의 경제력을 높여주려다가 정작 더 중요한 자녀의 생활력과 생존력을 잃게 만들어서는 안 된다는 것이다. 이를 뒤늦게 깨닫고 후회하는 부모들이 흔히 하는 이야기가 있다. 바로 "지옥에 가지 않더라도 지옥을 경험하려면 자녀에게 모든 것을 주라" 말이다. 돈 없는 노후는 그야말로 지옥이기 때문이다.

② 고령화 정책 잘 챙기기

둘째, 국가의 고령화 정책을 꼼꼼히 챙겨야 한다. 다양한 노후 복지 정책이 있지만 이를 제대로 챙기기 못하는 경우가 의외로 많다. 초고령화 사회에 맞춰 정부가 해마다 쏟아내는 복지 정책을 '나에게는 해당되는 것이 없겠지'라고 넘기지 말고 꼼꼼히 챙겨야 한다.

올해부터 기초연금 수급 대상이 더 늘어날 예정이다. 원래 65세 이상 노인 가운데 소득이 단독 가구는 월 228만 원, 부부 가구는 364만 원 이하인 경우에 지급되었지만, 2026년부터는 단독 가구는 247만 원, 부부 가구는 395만 2,000원 이하까지 지급된다. 기초연금은 해당된다고 해서 내 통장에 자동으로 돈이

◆ 2026년 기초연금 산정 기준액

구분	2025년	2026년	증가액(증가율)
단독 가구	228만 원	247만 원	19만 원(+8.3%)
부부 가구	364만 8,000원	395만 2,000원	30만 4,000원(+8.3%)

들어오는 것이 아니라, 반드시 신청을 해야만 받을 수 있다는 점을 명심해야 한다.

아울러 월평균 400만 원 안팎에 이르는 간병비도 앞으로 건강보험 적용을 추진 중이다. 정책이 확정되면 간병비의 본인 부담률이 30% 수준으로 낮아질 전망이다.

이처럼 국가의 고령화 정책은 앞으로 지속적으로 확대될 수 있으니 꼼꼼히 챙겨야 한다. 자녀가 여러분의 노후를 책임져 준다는 기대를 하지 말고 자신의 노후는 알아서 챙겨야 한다.

③ 노후 준비와 자녀 지원의 밸런스 맞추기

셋째, 돈을 벌 때 노후 준비와 자녀 지원 사이에 균형을 맞춰야 한다. 경제 활동을 시작할 때부터 노후 준비에 신경 써야 하지만 정작 돈 벌 때는 노후 준비가 뒷전이다. 오히려 노후 준비를 하기 힘들 정도로 자녀에게 과한 지원을 하는 경우도 많다. 하지만 이는 자녀의 미래 스펙 하나를 부모가 제 발로 걷어차는 악효과가 생긴다. 이게 도대체 무슨 말인가? 자녀 지원을 위해서 돈을 쏟아부었는데, 그것이 왜 자녀의 스펙을 걷어찬다는 말일까?

부모 노후 준비 상태가 결혼 적령기 자녀의 스펙이 되었다

＊

바쁜 현대인들의 특성상 과거처럼 자연스러운 만남과 결혼이 점점 어려워지면서 결혼정보회사(이하 결정사)를 통해 혼인하는 비율이 빠르게 늘고 있다. 결정사가 서로 원하는 결혼 상대를 만나는 데 중요한 역할을 하고 있다고 볼 수 있다.

그런데 결정사에서는 결혼 예정자의 '5대 스펙'이라는 것이 있다고 한다. 사실 스펙이라기보다 결혼 상대자를 선택할 때 꼭 확인하는 5가지 조건이라는 표현이 더 어울린다.

결혼 예정자의 5대 스펙

① 직업 ② 연봉 ③ 학벌 ④ 외모 ⑤ 집안

사실 이렇게 열거하고 보면 이 기준은 결정사가 특별히 만들어 낸 것이 아니라, 결혼을 고려한다면 자연스럽게 상대를 바라보게 되는 기준들이다. 직업과 연봉은 그 사람이 어떤 일을 하는지를 보여주는 요소이기도 하지만 좀 더 정확히 말하자면 현재의 경제력이 어느 정도인지, 앞으로 경제력이 얼마나 성장할지를 가늠하는 기준이기도 하다. 학벌 또한 앞으로의 경제력을 가늠하기 위한 기준이다. 외모는 이성을 바라보는 이상형과 관련이 있다.

그렇다면 집안은 무엇을 확인하기 위한 기준일까? 과거에는 '어떤 부모 밑에서 어떤 교육을 받았는가'를 확인하는 기준이었다. 그래서 결혼 상대자의 부모님이 어떤 직업과 환경을 가졌는가를 살폈다. 하지만 최근에는 집안을 확인할 때 이런 질문을 한다.

"부모님의 노후 준비는 되어 있는가?"

즉 요즘에는 부모가 결혼하는 부부에게 짐이 되지 않는지가 중요한 기준이 되었다는 뜻이다. 그리고 이 기준은 직업이나 연봉, 학벌, 외모보다 더 중요하게 여겨지기도 한다. 직업과 연봉, 학벌, 외모가 괜찮아도 부모의 노후 준비가 되어 있지 않다면 중요한 결혼 조건에 미달한다고 판단하기 때문이다. 결국 부모의 노후 준비는 자녀에게도 중요한 '스펙'이 된 셈이다.

 딱 50부터 노후 준비합시다

자녀를 지원한다는 명분으로 자신의 노후 준비를 소홀히 한다면, 자녀의 생존력을 없애버릴 뿐만 아니라 그토록 사랑하는 자녀의 미래에 짐이 될 수도 있다. 하지만 우리는 자신의 노후 준비를 포기하면서까지 자녀에게 모든 것을 쏟아붓는 부모들을 주변에서 쉽게 볼 수 있다. 중요한 것은 자녀에게 모든 것을 희생해서 지원하더라도 그것이 돈이든 시간이든 반드시 기대한 결과로 돌아오는 것은 아니라는 사실이다.

하지만 노후 준비는 반대다. 본인이 쏟아붓는 정성과 돈은 안정된 노후라는 결과물로 돌아온다. 자녀를 지원하는 부모의 마음은 그 누구보다 잘 알지만, 어느 정도 수준까지 노후를 준비하고 남는 범위에서 자녀를 지원해야 한다. 노후 준비와 자녀 지원 사이에 절대 넘어서는 안 되는 선을 분명히 그어두고 그 선을 넘지 않도록 스스로를 관리하는 태도가 무엇보다 중요하다.

노후를 버티는 힘 키우기

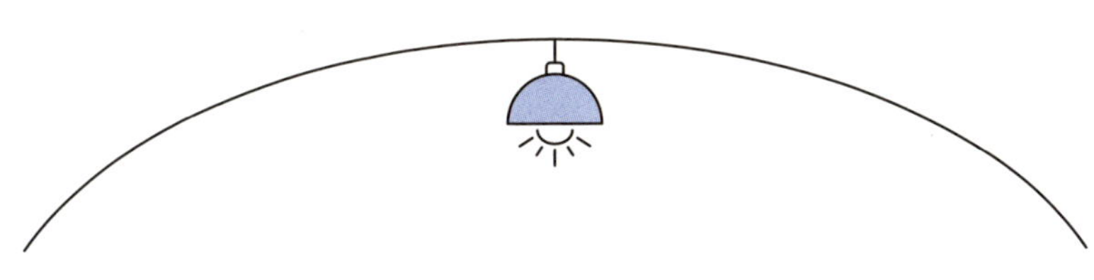

노후 준비를 위한 5대 파이프라인

노후 준비에서 가장 중요한 것은 바로 '안정성'이다. 길어진 노후에는 꾸준한 현금 흐름이 가장 중요하기 때문이다. 따라서 최근처럼 변동성이 커진 자산 시장에서 하나의 수입원만 믿고 있을 수 없다. 우리가 집에서 물을 쓸 때도 마찬가지다. 수도꼭지가 하나만 있다면 있다면, 그 수도꼭지가 고장이 났을 때 대안이 없다. 주방에, 화장실에, 베란다에 수도 시설이 각각 있듯이 우리가 노후생활비를 마련할 수 있는 파이프라인도 여러 개가 있어야 한다.

　우리가 노후에 만들 수 있는 현금 흐름은 다음과 같이 다양하다. 각각의 장단점을 하나씩 살펴보자(국민연금, 퇴직연금, 개인연금 제외).

◆ 노후소득 파이프라인의 장단점

구분	장점	단점
반퇴소득	・소득 증가 효과 ・소비 감소 효과 ・건강 관리에 도움	・소득 활동이 생계형일 경우 육체적으로 힘듦 ・장기간 지속하기 어려움
예금	・현금화가 쉬움(유동성이 높음) ・원금 안정성 높음	・장기 수익률이 낮음 ・인플레이션에 취약
주식	・높은 수익 가능 ・장기적인 자산 성장 기대	・시간과 에너지 소모가 큼 ・원금 손실 위험
배당주식	・안정적인 배당 현금 흐름	・배당소득세 등 세금 부담 ・주가 하락 시 원금 손실 위험
주택 임대소득	・인플레이션 방어 효과(실물자산) ・자산 가치 상승 기대	・현금 흐름 수익률이 상대적으로 낮음 ・세금 및 규제 부담
주택연금	・거주와 생활비 조달 동시 해결	・높은 수수료와 보증료 부담 ・집값 상승 시 이익 향유 불가
상가·건물 임대소득	・매월 들어오는 현금 흐름(월세)	・공실 발생 위험 ・유지·관리 및 세입자 관리 부담

전업 투자 소득	·자산 운용을 통해 능동적으로 소득 창출 가능	·막대한 시간과 에너지 소모 ·원금 손실 위험

여러분은 이 중에서 몇 개의 현금 흐름을 만들 수 있는가? 노후에는 최소한 국민연금과 퇴직연금을 포함해서 5개의 파이프라인이 필요하다. 만약 이보다 부족하다면 가짓수를 늘리는 게 시급하다.

노후소득의 핵심은 '다양성'

＊

물론 노후소득에서 소득의 크기도 중요하지만 그에 못지않게 소득의 '다양성'도 중요하다. 노후소득의 다양성이 곧 노후 안정성을 의미하기 때문이다.

우리가 부러워하는 건물주를 예로 들어 보겠다. 이 건물주는 건물을 한 채 소유하고 있고 그 건물에서 나오는 임대료가 유일한 노후소득이라고 가정해 보자. 이 때 월 노후생활비가 500만 원인데 임대소득이 월 1,000만 원이라면 어떨까? 노후생활비의 2배 수준의 임대소득이라면 혹시나 공실이 생기더라도 큰 문제가 되지 않을 것이다. 하지만 월 노후생활비가 500만 원인데 임대소득이 500~600만 원이라면 상황이 달라진다. 늘 불안한 마음에 노후생활비의 안정성이 흔들리게 된다. 안 그래도 건물주들은 건물 관리 때문에 매일 건물에 출근하다시피 하는데, 부동산에서 전화 한 통만 걸려와도 가슴이 철렁 내려앉는다고 한다. 왜냐하면 부동산에서 걸려오는 전화는 어디를 고쳐 달라든가 아니면 세입자가 나간다고 하든가 하는 십중팔구 좋은 소식이 아니기 때문이다.

그런 면에서 소득의 안정성과 수익률은 대체로 반비례 관계다. 흔히 '리스크 리턴 트레이드오프(Risk-Return Tradeoff)'라고 하는데, 이는 위험이 높을수록 기대 수익도 높아지고 위험이 낮을수록 수익이 낮아지는 관계를 의미한다.

그렇다면 예금처럼 안정성이 높은 자산만 포트폴리오에 담아야 한다는 말일까? 그렇지는 않다. 오히려 노후소득의 다양성을 높여서 안정성을 높여야 한다는 말이다.

앞서 표에서 살펴봤듯이 노후소득 파이프라인은 각각 일장일단이 있다. 수익률이 좋으면 변동성이 높고, 변동성이 낮으면 수익률이 낮다. 따라서 최대한 다양한 소득원을 만들어서 위험과 변동성을 낮춰야 한다.

     딱 50부터 노후 준비합시다

반퇴소득 활동은
자아실현형 세컨드 잡으로

✱

노후소득 파이프라인 가운데 가장 중요한 하나를 꼽자면 '반퇴소득'이다. 반퇴소득이란 정년 이후 약 10년, 즉 60세부터 70세까지 사회 활동을 이어가며 경제 활동 기간을 늘려 얻는 소득을 말한다. 반퇴소득을 위한 일은 생계형 세컨드 잡(Second job)과 자아실현형 세컨드 잡으로 나눌 수 있다. 누구나 생계형보다는 자아실현형 세컨드 잡을 더 원할 것이다.

하지만 이를 위해서는 몇 가지 선행 조건이 필요하다. 첫째, 내가 하고 싶은 일과 잘할 수 있는 일, 그리고 과거 직업에서 쌓은 경험과 지식을 바탕으로 사회에 기여할 수 있는 새로운 업(業)을 찾아야 한다.

둘째, 생계형 경제 활동을 하지 않더라도 생활비 부족 문제가 생기지 않는 재정적 여유가 있어야 한다. 만약 첫 번째 조건인 '자아실현형 업'을 찾았더라도 생활비 압박이 있다면, 결국 조금이라도 더 높은 소득을 찾아 생계형 경제 활동으로 다시 뛰어들 수밖에 없다. 그래서 생계형 일은 주 5일 이상, 자아실현형 일은 주 2~3일 정도로 이뤄지는 경우가 많다.

그렇다면 반퇴소득을 위한 일의 형태는 크게 4가지로 나눌

생계형 고소득	자아실현형 고소득
생계형 저소득	자아실현형 저소득

수 있다. 소득의 크기로 나누면 고소득과 저소득이 있고, 고소득에는 생계형 고소득과 자아실현형 고소득이 있다. 어느 쪽이든 고소득이라면 누구나 하고 싶어 할 것이다.

자아실현형 고소득

'자아실현형 고소득'이란 무엇일까? 얼마 전 작고한 연기자 이순재 선생님은 90대에도 연극 활동을 왕성하게 해왔다. 그는 평생 배우라는 직업을 사랑하며 자신의 일을 통해 명성과 소득을 동시에 얻은 대표적인 인물이다. 방송인 송해 선생님도 마찬가지다. 95세로 작고하기 1~2년 전까지 <전국노래자랑>의 MC로 활동했다. 이처럼 성공한 예술가나 방송인들 중에는 자신이 사랑하는 일을 오래 지속하면서도 고소득자인 경우가 있다. 이것이 바로 '자아실현형 고소득'에 가까운 삶이고, 그야말로 누구나 꿈꾸는 삶이라고 하겠다.

생계형 고소득

어쩌면 자신이 좋아하는 일은 아닐지라도 고소득이라서 쉽게 그만두지 못하고 일을 이어가는 경우도 있을 것이다. 바로 '생계형 고소득'이다. 주 5일 이상 생계형 일을 해나가도 고소득이라면 충분한 동기부여가 있다.

병원에 가면 종종 백발 노인인 의사 선생님을 만나곤 한다. 어떤 사람은 미덥지 않게 생각할지 모르지만 돈쭐남은 오히려 오랜 경험과 경륜에서 나오는 진료가 더 믿음이 간다. 하지만 '굳이 저 나이에 힘들게 일을 하실까?'라는 생각이 들기도 한다. 물론 직업적 사명감으로 일하실수도 있지만 그 정도 나이라면 어쩌면 자아실현형 경제 활동이 아닐수도 있다. 원치 않은 일이라고 해도 고소득을 포기하기 쉽지 않아 이 일을 계속 하신다는 생각도 든다.

생계형 저소득

하지만 이 두 경우는 일반적이지 않다. 사실 반퇴소득은 고소득보다는 '저소득'이 일반적이다. 아무래도 1차 은퇴를 하고 나면 대부분 경제 활동을 이어가더라도 소득이 낮아지기 마련이다. 더군다나 은퇴 이후에도 경제 활동을 계속해야 한다면, 자아실현을 위한 선택이라기보다는 생계를 위한 어쩔 수 없는 선택일 수밖에 없다. 돈쭐남은 이 경우가 가장 최악이라는 메시지를 이 책에서 계속 전하고 있는 것이다.

자아실현형 저소득

하지만 반퇴소득이 저소득이라고 반드시 안 좋은 것은 아니다. 소득이 낮더라도 내가 하고 싶은 일이고 좋아하는 일이라면 충분히 만족하며 할 수 있기 때문이다.

따라서 저소득이라도 '자아실현형 저소득'은 우리가 지향해야 하는 모델이다. 5일 근무 2일 휴식의 삶을 3일 근무 4일 여가 생활로 전환하는 것, 그것이 바로 '저속 은퇴'이고 '반퇴'다. 주 5일 이상을 일에 매달리는 삶이 아니라 여가 생활을 충분히 누리고 일정한 소득도 얻는 노후를 설계하자는 것이 '돈쭐남'이 이 책을 통해 전하고자 하는 핵심 메시지다.

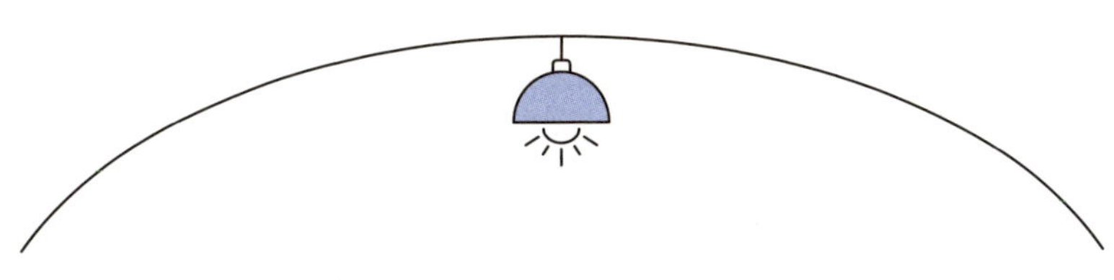

노후를 품격 있게
보내기 위한 3가지 능력

인생에도 사계절이 있다. 꽃피는 봄과 같은 청소년 시절이 있고, 뜨거운 여름과 같은 청년 시절이 있으며, 수확의 계절인 가을과 같은 장년의 시기를 지나면 인생의 겨울인 노년을 맞게 된다.

돈쭐남은 개인적으로 여름을 참 좋아한다. 매미 소리가 시끄럽고 뜨겁게 타오르는 태양 볕에 땀이 온몸에 흐르지만, 세상 만물이 자신의 존재를 세상에 알리며 가장 활발하게 움직이는 계절이기 때문이다.

그런 여름이 지나고 가을이 되어 낙엽이 떨어지기 시작하면 '가을을 탄다'는 말처럼 이유 모를 슬픔이 생기곤 한다. 앙상하게 남은 나뭇가지를 보노라면, 저 계절이 나와 닮았다는 생각에 쓸쓸해지기도 한다. 누군가는 수확의 계절이요, 결실의 계절이라고 하는데 혼자 이런 감상적인 생각을 하는 것을 보면 나이가 들기는 들었다는 생각이 든다. 아마도 인생의 가을에 접어들었다는 사실을 마음 어딘가에서 느끼기 때문일 것이다.

인생의 가을은 곧 겨울을 준비해야 하는 시기이기도 하다. 만약 인생의 겨울을 앞두고서도 여전히 돈 걱정을 해야 한다면 어떨까. 아마 그 쓸쓸함은 훨씬 더 크게 다가올 것이다. 결국 우리는 인생의 가을과 겨울을 준비해야 하는 숙명을 안고 살아간다. 그런 면에서 노후를 품격 있게 보내기 위해서는 3가지 능력이 반드시 필요하다.

① 경제력
: 지금 돈을 얼마나 남기고 있는가

＊

첫 번째 능력은 경제력이다. 아마 모든 사람이 경제력을 가장 원할 것이다. 우리는 태어나 성인이 될 때까지 20년 넘게 공부하고 훈련하면서 경제력을 갖추기 위해 노력한다. 학생들조차 초등학교 때부터 열심히 공부하는 가장 큰 이유를 '장래에 좋은 직업을 갖기 위해서'라고 답할 정도다.

하지만 경제력은 노후 준비라는 관점에서 보자면 '돈을 버는 능력'이 아니라 '돈을 남기는 능력'이다. 경제학에서는 소득이 높아질수록 한계소비성향이 낮아진다고 말한다. 한계소비성향이란 새롭게 증가하는 소득을 얼마나 소비하는가를 말하는데, 부자라고 하루 열 끼를 먹는 것도 아니고 하루에 옷을 세네 번씩 갈아입는 것도 아닐 테니, 자연히 소득이 높아질수록 그만큼 다 소비하지 못하고 남는 돈이 늘어난다는 말이다.

하지만 최근에는 모든 분야에서 럭셔리와 하이엔드 소비가 일상화되어서 부자라고 예전처럼 돈이 많이 남지도 않는다. 다시 말해 얼마나 버는지도 중요하지만 어떻게 쓰는지 또한 중요하다. 노후 준비도 마찬가지다. '얼마나 버는가'의 게임이 아니라 '얼마나 남기는가'의 게임이다.

30대 초반의 두 사람이 있다. A는 대기업을 다니며 높은 연봉을 받는다. 하지만 씀씀이가 커서 큰돈을 모으지 못한다. 반면에 B는 중소기업을 다녀 A보다 적은 연봉을 받지만 매월 높은 저축률로 목돈을 꽤 모았다.

A: 월 소득 700만 원, 월 생활비 600만 원, 자산 3억 원

B: 월 소득 350만 원, 월 생활비 150만 원, 자산 1억 5,000만 원

'누가 더 부자인가?'라는 질문에 소득도 자산도 더 높은 A라고 답하는 사람이 많을 것이다. 하지만 노후 준비에서 경제력지수의 의미는 다르다.

경제력지수는 현재 자산만으로 지금의 생활비를 몇 개월 감당할 수 있는지, 즉 소득이 갑자기 중단되더라도(노후 생활이 시작되더라도) 지금의 자산으로 얼마 동안 버틸 수 있는지를 보여주는 지수다.

경제력지수 = 순자산 ÷ 월 생활비

A의 경제력지수는 50이다(3억 원 ÷ 600만 원 = 50). 이 말은 3억 원으로 지금의 생활비를 감당하면 50개월 동안 버틸 수 있다는 뜻이다. 하지만 B의 경제력지수는 A보다 2배나 높은 100이다(1억 5,000만 원 ÷ 150만 원 = 100). 이는 지금의 생활비로 100개월 동안 버틸 수 있다는 뜻이다. 결국 노후 준비에서 말하는 경제력지수는 '얼마나 돈을 버는냐'가 아니라 '얼마의 돈을 남기고 있는냐'가 중요하다는 의미다.

노후 준비의 완성도라는 관점에서 보면 경제력지수가 어느 정도 되어야 만점에 가까울까? 돈쭐남의 경험상 경제력지수가 240을 넘는다면 현재 노후 준비 상태는 완벽한 수준이다. 다만 A와 B의 경제력지수가 각각 50, 100이라 240에 아직 한참 못 미친다고 생각할 수도 있겠지만, 나이가 30대 초반이라는 점을 감안하면 결코 나쁜 수준은 아니다.

40대 후반의 C의 경제력지수도 확인해 보자. 당장 은퇴할 나이는 아니지만 1차 은퇴까지 10년 정도밖에 남지 않았다. C는 서울의 아파트 8억 원(주택담보대출 2억 원 포함), 월 소득 600만 원, 월 소비 400만 원, 그리고 퇴직연금 2억 원, 예금 1억 원, 주식 5,000만 원이 있다. 국민연금에서는 매월 150만 원 정도가 노령연금으로 지급될 예정이다. 앞서 소개한 수식으로 경제력지수를 계산해 보면 다음과 같다.

우선 순자산은 주택담보대출을 제외하고 아파트 6억 원, 퇴직연금과 예금 3억 원, 주식 5,000만 원으로 총 9억 5,000만 원이다. 생활비는 월 400만 원이다. 하지만 노후에 국민연금에서 지급하는 노령연금 150만 원이 있으니 이를 생활비로 충당하면 필요 생활비는 250만 원이다.

따라서 C의 경제력지수는 380이다(9억 5,000만 원÷월 250만 원). 240을 훌쩍 넘는 수치다. 아직 40대이고 앞으로 지금처럼만

10년 넘게 더 준비한다면 경제적으로 안정적인 노후를 기대해 볼 수 있다.

A, B, C 사례를 통해 노후 준비에서 무엇이 가장 중요한지 눈치챘는가? 돈을 더 벌고 자산을 키우는 것도 물론 중요하지만, 그보다 중요한 것은 지금의 생활비를 합리적으로 관리하는 일이다. 얼마나 많이 버느냐가 아니라 얼마나 꾸준히 남길 수 있느냐를 고민해야 한다.

그렇다면 여러분의 경제력지수는 어느 정도일까? 물론 개인의 상황에 따라 차이는 있겠지만 돈쭐남이 제시하는 기준에 나의 경제력지수가 충족하는지 확인해 보고 노후 준비 전략을 세워보자.

◆ **연령대별 적정 경제력지수**

연령대	경제력지수
20대	60
30대	100
40대	150
50대	200
60대	240

② 생활력
: 누구의 도움 없이 일상생활이 가능한가

＊

두 번째 능력은 생활력이다. 생활력이란 누구의 도움 없이 스스로 요리(식사 준비), 청소, 정리정돈, 세탁 등을 할 수 있는가다. "이걸 누가 못하겠어?"라고 반문하는 사람도 있겠지만 사실 이 부분을 스스로 해결하지 못하는 사람은 굉장히 많다.

과거 농경 사회에서는 가정 내 역할 분담이 엄격하게 구별되었다. 남자는 돈을 버는 일을 한다고 해서 '바깥사람' '바깥양반'이라고 불렸고, 아내는 집안일을 한다고 해서 '안사람'이라고 불렸다. 실제로 안에 있는 사람이란 뜻이 '아내'다. 남자가 아내의 집안일을 하는 것은 남자로서 흉이 되는 일이고, 요리나 설거지, 정리정돈 같은 집안일은 여자만의 몫으로 여겨졌다. 그래서인지 지금의 기성 세대 중에는 지금도 집안일을 전혀 할 줄 모르는 사람도 많다.

하지만 노후에는 언제까지나 이런 일을 챙겨주고 도와주는 사람이 있는 것은 아니다. 설사 이런 역할이 딱 나뉘어 있다고 해도 바깥에서 경제 활동을 하는 사람이 언젠가 은퇴하듯이 집안일에도 은퇴가 있어야 한다.

이제는 맞벌이가 많아진 시대다. 따라서 2인 가구라고 해도 집안일은 각자 알아서 해야 하며 서로가 공평하게 분담할 수 있어야 한다. 사실 '집안일'이라는 표현도 잘못된 것이다. 집안일이 아니라 삶을 살아가는 데 반드시 필요한 '생활력'이다. 1인 가구에게는 더더욱 이런 능력이 중요하다.

1인 가구의 경우 이러한 생활력을 갖추면 경제적 측면에서도 상당한 비용을 절약할 수 있다. 예를 들어 장을 봐서 요리를 할 수 있다면, 외식과 배달을 줄일 수 있어 절약할 수 있을 뿐만 아니라 건강도 챙길 수 있다. 또한 청소와 정리정돈, 그리고 세탁 등이 생활화되어 있으면 이런 서비스를 외부에 맡기면서 생기는 비용 절감도 되면서 좀 더 건강한 삶을 영위할 수 있게 된다.

이제 자녀들에게도 청소와 빨래 그리고 요리를 가르쳐야만 한다. 스스로 주변을 정리정돈하는 것이 어려서부터 몸에 밴 아이는 인생에서 가장 중요한 요소 중 하나인 생활력을 갖춘 성인으로 성장하게 될 것이다.

③ 생존력
: 직장 이외에 다른 일로 돈을 벌 수 있는가

＊

세 번째 능력은 생존력이다. 생존력이란 지금의 일 이외 다른 일

 딱 50부터 노후 준비합시다

로 돈을 벌 수 있는가, 그리고 그럴 의지가 있고 노력이 가능한
가를 통틀어 말한다.

사람은 누구나 직업을 갖고 일을 열심히 하면서 인생의 활
동기를 보내게 된다. 하지만 사실 그 일이 '직'인지 아니면 '업'인
지는 명확하지 않다. 어떤 회사에서 어떤 업무를 하는가는 '직'에
관련된 것이다. 직은 그 회사를 나가면 사라지게 된다. 하지만
'업'은 다르다. 고유한 기술을 갖고 있는 사람이라면 직과 업이
같을 수도 있다. 예를 들어 헤어디자이너, 음악가, 의사, 변호사
는 현재 어딘가에 소속되어 직을 수행하더라도 나중에 그 조직
을 떠나면 자신의 업을 계속 이어나갈 수 있다. 즉 직과 업이 연
결된 일이다.

하지만 경제 활동을 하는 사람들의 90% 이상은 업보다는 직
을 수행한다. 즉 직이 곧 업으로 연결되지 않을 수도 있다는 것
이다. 하지만 반퇴소득을 위한 활동은 '업'이어야 한다. 그러기
위해서는 현재의 직장 이외에 다른 일로도 돈을 벌 수 있는 능력
이 필수다. 평균 수명이 지금보다 더 길어질, 은퇴 이후의 삶이
기성 세대보다 더 길어질 90년대 이후 출생자들은 바로 이러한
생존력이 반드시 필요하다.

대기업을 다니거나 은행을 다녀서 돈을 버는 능력은 좋아도
직장 밖에서 다른 어떤 일을 할 수 있는 능력이 없다면, 다시 말

해 자신의 직장에 경제적 의존도가 너무 높다면 문제가 될 수 있다. 앞서 언급한 은행에 근무하며 퇴직을 앞둔 선배도 자주 "내가 은행만 다녀서 할 줄 아는 게 아무것도 없다"라고 말했다. 심지어 은퇴 이후 노후생활비로 막막해 하는 선배에게 월 150만 원의 반퇴소득을 권했을 때도 "내가 은행 지점장까지 했는데 그런 일을 어떻게 하나"라고 말했다.

이처럼 경제력이 있을수록 생활력과 생존력은 떨어지는 경향이 나타난다. 물론 모든 경우가 그런 것은 아니겠지만 주변을 둘러봐도 좋은 직장을 다니는 사람은 의외로 그 일 외에 다른 일로 돈을 벌겠다는 생각을 잘 하지 않는다.

주말에 친구 택배 일을 돕거나 장사를 하거나 심지어 아르바이트로 대리운전을 해보면서 은퇴 후 어떤 일에 도전할 수 있는지를 생각하는 친구의 이야기를 들은 적이 있다. 그 친구는 사실 소득이 높지는 않다. 대기업이나 안정적인 전문직이 아니라 경제력은 낮을지 모르지만 생존력은 높아 보였다. 그야말로 '어디에 내놓아도 살아가겠구나' 하는 생각이 들었다.

노후 준비를 위한 3대 능력 중에 여러분은 몇 가지를 갖췄는가? 만일 돈을 벌고는 있지만 지금 자신의 나이와 생애주기에 걸맞은 돈을 남기고 있지 못하다면 경제력은 없는 것이 된다. 또

 딱 50부터 노후 준비합시다

1인 가구로 생활하면서 요리, 청소, 세탁도 제대로 못 해서 누군가의 도움을 받거나 그것에 비용을 쓰고 있다면 생활력은 없는 것이 된다. 마지막으로 직장에서 받는 월급 이외에 다른 일을 상상해 본 적도 없고 할 수 있는 일이 전혀 없다고 느껴진다면 생존력도 없다고 봐야 한다. 즉 노후 준비는 전혀 이뤄지고 있지 않다고 봐야 한다. 반대로 이 3가지를 모두 갖췄다면 말 그대로 완벽하게 노후를 준비한 능력자다.

노후 준비는 거창한 게 아니다. 경제력, 생활력, 생존력 이 3가지의 능력을 균형감 있게 끌어올리는 것이야말로 올바른 노후 준비의 방향이다.

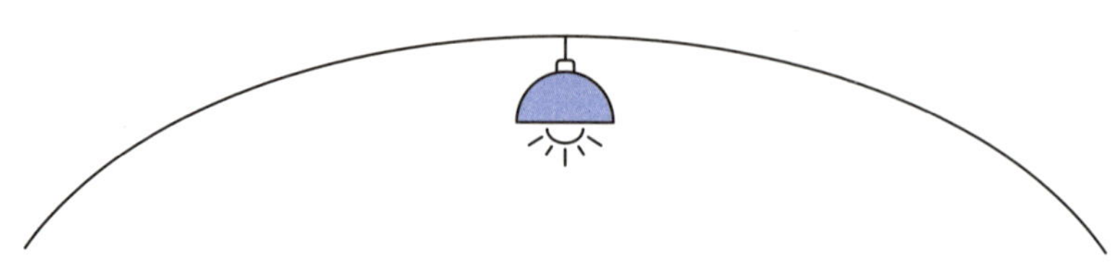

불필요한 소비를 줄이기 위한 5가지 훈련

노후 준비에서 소득을 늘리는 것 못지않게 중요한 것은 불필요한 소비를 줄이는 것이다. 경제력이란 돈을 버는 능력이 아니라 돈을 남기는 능력이기 때문이다.

불필요한 소비라는 말에 반감이 생길 수 있다. 이 세상에 어떻게 불필요한 소비가 있다는 말인가? 나중에 돌아보니 후회되는 소비가 있을 수는 있지만, 불필요한 것에 누가 소비를 한다는 말인가?

우리는 언젠가부터 갖고 싶은 욕망을 바로 해결하는 시대에 살게 되었다. 갖고 싶은 것이 있다면 핸드폰으로 간편하게 주문하면 된다. 돈이 문제라면 신용카드를 사용해 결제를 뒤로 늦출 수도 있다. 심지어 '할부'라는 시스템을 사용하면 결제를 많이 늦출 수 있다. 아직 내가 대가를 지불하지도 않았는데도 내가 원하는 물건이 몇 시간 만에 내 손에 들려져 있는 마법 같은 세상에서 살고 있는 것이다.

그러다 보니 사실 정말 불필요한 것을 사고 후회하기도 한다. 하지만 노후에는 시행착오가 가능했던 젊은 시절과 다르다. 이제는 그런 실수를 반복할 시간이 없다. 아니, 시간뿐만 아니라 돈이 허락되지 않을 수도 있다. 지금 나의 행복을 포기하면서 억지로 소비를 줄이라는 게 아니다. 나의 라이프 스타일을 조금만 바꾸면 내가 행복이라고 믿어왔던 것이 사실 너무나도 하찮은 것들이 되는 경우도 많다. 사실 "갖고 싶다"는 말은 놀랍게도 "필요 없다"의 다른 말이기도 하다.

그렇다면 노후에 그동안 해왔던 많은 소비를 줄이면서도 다른 차원의 담백한 삶을 살아가려면 어떻게 해야 할까? 돈쭐남은 소비를 줄이기 위한 강압적인 절제와 절약이 아니라, 자연스럽게 행복을 추구하면서 소비가 줄어드는 방법으로 '부사(副詞)가 이끄는 삶의 방식'을 제안한다.

우리는 무엇을 먹는가, 무엇을 하는가, 무엇을 갖는가와 같이 특정 명사나 특정 동사에 치중한 삶을 살아왔다. 골프를 한다, 여행을 간다처럼 이런 것들이 행복의 조건들로 나열되는 삶을 살았다는 말이다. 즉 마치 이것을 하면 행복하고 못 하면 행복하지 않다는 식의 삶의 공식에 자신을 대입해 왔다. 하지만 노후에는 무엇을 먹고 마시며 무엇을 하는지도 중요하지만, 그것을 얼마나, 어떻게, 어느 정도까지 완성된 형태로 하는지가 더 중요하다. 즉 얼마나, 어떻게와 같은 '부사'가 강조되는 삶의 태도가 필요하다는 것이다.

돈쭐남은 방송이나 유튜브에서 술, 담배, 게임도 안 하고 친구도 잘 만나지 않는다고 수차례 말했다. 작가로서 프리랜서로서 바쁘고 정신없이 살아온 탓도 있지만, 남들이 다 하는 것들을 하면서 '나도 이만큼은 하고 산다'는 식의 행복 기준을 좇기보다, 나만의 방식으로 삶의 행복을 추구해 온 결과다. 최근에는 무작정 다른 사람의 행복 조건을 따라가기보다 남들이 관심을 두지 않는 분야라도 깊이 있게 완성의 단계로 나아가는 노후가 되면 좋겠다는 생각을 하곤 한다.

우리가 꿈꾸는 안정된 노후를 위해서는 지금과는 다른 삶의 방식을 훈련해 보자. '부사'가 이끄는 삶의 방식, 즉 '얼마나' '어떻게'에 집중하는 삶 말이다. 그러기 위해서 돈쭐남이 제시하는

   딱 50부터 노후 준비합시다

5가지를 연습해 보자. 아마 불필요한 소비가 크게 줄면서 그간 몰랐던 새로운 세상이 펼쳐질 것이다.

'의도적으로' SNS를 줄여라

＊

SNS는 인간의 욕망인 관찰 본능과 모방 본능, 그리고 과시 본능이라는 3가지 본능적 욕구를 하나로 묶은 대단한 발명품이다.

인간은 다른 사람을 관찰하기를 즐기는데 이는 학습 본능과도 연결된다. 다른 사람의 삶을 관찰하면서 그 속에서 자신이 행복해지는 방법을 배우게 된다. 그리고 그것을 따라 하면 나도 행복해질 수 있다는 착각을 하게 된다. 그것이 모방 본능이며 유행을 만들어 내는 힘이 된다. 모방한 것을 다른 사람에게 보여주고 과시하고 싶은 욕구가 바로 과시 본능이다. SNS는 나를 모르는 수많은 사람에게까지 자신을 알리고 드러낼 수 있는 공간이 된다. 따라서 자신이 추구하는 행복이 아니라 다른 사람의 행동 양식을 따라가게 된다. 이제 나이를 먹고 노후에 접어드는 시기에는 이러한 행동 양식과 과감히 단절해야 할 때다.

내 삶의 행동 양식이 오롯이 나의 행복이 아닌 다른 사람의 행동 양식에 얼마나 영향을 받는지 확인해 보자. 지금 인스타그

램(Instagram) 사용 시간을 조회해 보자. 만일 사용 시간이 하루 1시간 이상이라면 굉장히 과몰입 상태라고 봐야 한다. 인스타그램의 운영사인 메타(Meta)도 '일일 시간 제한'이라는 기능을 만들었는데, 이 기능을 활성화하면 하루 최대 2시간까지만 사용할 수 있도록 했다. 즉 인스타그램을 직업적으로 사용하는 사람이 아니라면 하루 사용 시간이 2시간을 넘어가면 과하다는 메타의 간접적인 메시지다. 그뿐만 아니라 알림을 받지 않을 요일을 설정할 수 있는 기능도 있다. 알림이 오지 않으니 자연스럽게 인스타그램 접속을 일정 부분 줄일 수 있다.

돈쭐남이 말하는 '부사'가 강조되는 삶의 태도 3가지 중 첫 번째가 바로 '의도적으로' SNS 사용을 줄이는 것이다. 이제부터

SNS 하루 사용 시간을 1시간 이내로 줄이는 것부터 시작해 궁극적으로 SNS를 거의 하지 않던 그때로 돌아가 보자는 것이다.

SNS에 집착하게 하는 가짜 행복

뇌과학자로 대중에게 잘 알려진 장동선 교수는 뇌가 행복을 느끼는 3요소로 유능성, 자율성, 연결성을 이야기했다.

첫 번째 요소인 유능성은 쉽게 말해 성장과 발전, 성취를 말한다. 누구나 어제보다 오늘의 내가, 오늘보다 내일의 내가 계속 성장하고 발전하기를 바라며, 그 결과물이 돈, 승진, 성취감으로 나타나고 그 과정에서 행복을 느끼게 된다는 것이다.

두 번째 요소인 자율성은 성장과 발전에 성공한 사람들이 사회적·시간적·경제적·심리적 자유를 얻게 되는 상태를 말한다. 성공하면 그전보다 더 많은 돈을 갖게 되거나 여유 시간을 확보하게 되는 등 자율성이 높아진다. 쉽게 말해 사회 초년생은 스스로 결정할 수 있는 일이 많지 않지만 CEO가 되면 모든 면에서 결정권과 선택권이 커지면서 자율성이 높아진다는 의미다.

세 번째 요소인 연결성은 이러한 성장과 발전, 그리고 그에 따른 자율성의 증가가 다른 사람에게 칭찬받고 인정받는 상태를 의미한다. 성공한 사람일수록 더 주목받고 더 존경받게 된다는 이치다.

뇌가 행복을 느끼는 3가지 요소를 살펴보면 왜 사람들이 SNS에 집착하게 되는지를 알게 된다. 하지만 성공과 발전 그리고 성취 없이 포장된 행복과 성공이 SNS에 유통되는 경우도 많다. 노후에는 이제 삶의 완성을 추구해야 한다. 남의 시선이 아니라 나 자신의 삶을 완성하는 데 집중해야 할 때이기 때문이다. 이제는 칭찬과 인정 욕구에 목마르기보다 오롯이 자신에게 집중해야 하지 않을까?

오늘 하루의 행복을 사진찍어 SNS에 올리기보다 자연과 하늘, 그리고 계절의 변화를 느끼고 사진이 아닌 글로도 기록해 보는 것은 어떨까? 이제 SNS에 과몰입하는 라이프 스타일에서 벗어나 보는 노후 준비를 시작해 보자. 그런 삶의 방식을 연습하다 보면 어느 순간 아무런 불편함을 느끼지 않고도 소비는 많이 줄어들게 될 것이다.

'매일 조금씩' 책을 읽어라

*

무조건 다독을 권하는 게 아니다. '매일 조금씩' 읽으면 된다. 사실 이것을 가장 잘 실천할 수 있는 방법은 동네 도서관에 자주 방문하는 것이다. 매일 가지 않아도 된다. 틈나는 대로 도서관에

 딱 50부터 노후 준비합시다

가서 책을 빌리고 다시 반납하러 가는 과정에서 자연스럽게 도서관이 내 삶의 필수적인 공간이 된다.

도서관 방문이 익숙해지면 '회사 → 집 → 커피숍 → 회사 → 집'이 반복되는 현대인의 공간이 '회사 → 도서관 → 집 → 커피숍 → 회사 → 도서관'으로 다양해진다. 최근 지역 도서관은 여러 문화 행사는 물론이고 공연과 북 토크 등 다양한 문화적 체험을 할 수 있는 공간이 되고 있다. 돈쭐남도 종종 자전거를 타고 도서관을 방문하는데 점차 운동, 독서, 사색, 쉼의 연속적인 연결이 가능해졌다. 특히나 노후를 준비하는 중장년층과 여가 시간이 많은 노년층에게는 애착 공간이 있어야 하는데 도서관이 가장 좋은 문화적 공간이 될 수 있다.

SNS에 접속하는 시간을 의도적으로 줄이게 되면 손에 스마트폰 대신 자연스럽게 책을 쥐어 볼 수가 있다. 책을 많이 읽는 게 중요한 것이 아니다. '많이'가 아니라 '아주 조금씩이라도 매일' 읽는 것이 가장 중요하다는 것이다. 돈쭐남은 작가로서 그동안 10권의 책을 집필했지만 사실 창피하게도 다독하지는 않는다. 그러나 틈이 나는 대로 손에 이 책 저 책을 들었다 놓았다를 반복하면서 생각에 잠길 때가 많다. 그리고 이런 시간이야말로 삶의 행복을 느끼게 해 준다는 것을 알게 되었다. 지하철에서도, 집에서도, 사무실에서도 잠시 책을 펼치면 생각은 깊어지고 상상력은 자연스럽게 확장된다. 이는 미디어에 익숙해져 수동적으로 반응하던 뇌를 다시 능동적으로 사고하고 상상하는 상태로 전환하게 해준다.

요즘 우리는 영상에 익숙한 시대를 살고 있다. 빠르게 흘러가는 화면은 즉각적인 자극을 주지만, 깊이 사유할 틈은 좀처럼 허락하지 않는다. 영상은 주로 시각 정보를 처리하는 후두엽을 활발히 사용하게 하지만, 독서는 기억·사고·추리·계획과 같은 고등 정신 작용을 담당하는 전두엽을 함께 깨운다. 독서는 지식을 쌓는 행위라기보다, 스스로 사고하는 능력을 회복하는 과정에 가깝다.

물론 책 몇 페이지 몇 권을 읽는다고 곧바로 뇌 기능이 극적으로 달라지는 것은 아니다. 그러나 '아주 조금씩이라도 매일' 읽는 습관은 생각하는 힘을 서서히 길러준다.

'주기적으로'
전통 시장을 이용하라

＊

모바일로는 SNS를 통해 쉽게 공간 이동이 가능하지만 실제 내 몸은 제자리다. 노후기에는 직접 몸을 움직여 아날로그의 방식으로 공간 이동을 해보자. 앞서 도서관 방문을 습관으로 삼기를 권했는데, 여기에 '전통 시장' 방문도 추가해 보자. 물론 대형마트를 가도 된다. 하지만 전통 시장은 대량 구매를 해야 하는 대형마트와 달리 혼자 사는 사람도 물건 사기에 부담이 없기 때문에 전통 시장을 추천한다. 노후기에는 1인 가구 또는 2인 가구인 경우가 많아 필요한 만큼만 소량 구매하는 것이 유리하기 때문이다.

시장에서 장을 본다는 것은 온라인 쇼핑을 줄인다는 의미가 되기도 한다. 온라인 대신 오프라인에서 장을 본다면 경제 활동기에 비해 떨어지는 운동량을 보완하는 데 효과적이다. 노후에는 몸을 움직이는 것만으로도 미래의 의료비를 줄일 수 있다는 점에서 경제적 의미가 있다.

또한 시장에서 장을 본다는 것은 내가 직접 요리를 해서 먹는다는 의미이기도 하다. 배달이나 외식에 의존하기보다 직접 장을 보고 요리를 하는 과정에서 작은 재미와 성취를 느낄 수 있다. 삶의 속도를 높이면 소비가 커지고 속도를 늦추면 소비가 줄어들기 마련이다. 바쁘게 보낸 경제 활동기를 지나 노후기에는 속도를 늦추는 '슬로우 라이프'가 필요하다.

'스스로' 하루 한 끼는
요리해서 먹어라

*

앞서 언급한 품격 있는 노후를 위한 생활력을 위해서는 스스로 음식을 준비할 줄 알아야 한다. 나이가 들수록 손이 덜 가는 사람, 독립적인 사람, 누군가에게 의존적이지 않은 사람이 되어야만 한다. 그러기 위해서는 하루 한 끼는 스스로 요리해서 먹을 수 있어야 한다.

유튜브에는 간단히 집에서 해 먹을 수 있는 요리 레시피나 식재료를 보관하는 방법, 대량으로 장 보고 소분하는 방법 등 다양한 요리 관련 콘텐츠가 많다. 앞서 말했듯이 장보기를 즐겨하고 패스트푸드나 외식 배달을 줄이면 건강에도 좋고 경제적으로도 도움이 된다. 즉 노후에 몸과 마음 모두가 건강해지는 일석삼조(一石三鳥)의 효과를 노릴 수 있다.

'손으로 매일'
가계부를 작성하라

*

최근에는 어플로 쉽게 가계부를 작성할 수 있다. 하지만 그럼에

딱 50부터 노후 준비합시다

도 하루 3분 정도 투자해서 손으로 오늘의 소비 기록을 남기고 예산이 얼마나 남아있는가를 기록하는 습관은 중요하다.

신용카드는 한 달간의 결제 유예 기간이 있는 초단기 대출이고 돈을 쓰고 나서 확인하는 시스템이다. 손으로 매일 가계부를 쓰게 되면 신용카드를 쓰더라도 내 통장의 잔고와 관계없이 스스로 얼마를 쓰고 얼마나 남아있는지를 좀 더 인지하게 되어서 불필요한 지출을 자연스럽게 막아준다.

체크카드와 현금을 주로 사용하더라도 손으로 가계부를 쓰는 습관을 길러야 한다. 체크카드와 현금은 신용카드와 달리 사용하기 전에 잔액을 확인할 수 있지만, 잔액이 충분할 때는 불필요한 소비를 할 수 있다. 손으로 가계부를 쓰는 과정에서 오늘의 소비를 스스로 평가할 수 있으니 노후 경제력을 위해 반드시 손으로 가계부를 작성하는 습관을 가져야 한다.

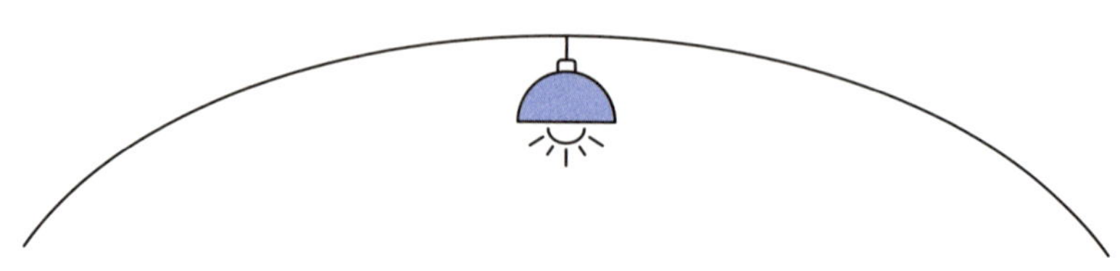

알아두면 돈이 되는 5가지 노후 복지 정책

초고령화 사회로 진입하면서 개인의 노력만으로는 노후를 완벽하게 대비하기 어려운 시대가 되었다. 정부 역시 다양한 노후 복지 정책을 지속적으로 내놓고 있지만, 정작 정책의 수혜자가 되어야 할 당사자들이 정보 부족으로 혜택을 놓치는 일이 비일비재하다.

노후 준비에서 '아는 것이 힘'이라는 말은 곧 '아는 것이 돈'이라는 말과 같다. 돈쭐남이 수많은 노후 정책 중에서도 은퇴를 앞둔 중장년층과 노년층이 반드시 챙겨야 할 알짜배기 정책 5가지를 엄선해 정리했다.

중장년 경력지원제

＊

60세에 정년퇴직을 한다고 해도 국민연금의 지급 개시 시기인 65세까지는 소득 공백이 발생한다(1969년 1월 1일 출생자부터는 65세부터 국민연금을 수령할 수 있다). 은퇴한 중장년층의 재취업과 경력 전환을 돕기 위해 정부가 마련한 핵심 카드가 바로 '중장년 경력지원제'다.

이 제도의 목적은 중장년에게 다양한 일 경험 프로그램을 제공해 실질적인 재취업을 돕는 것이다. 혜택 또한 파격적인데, 은퇴한 중장년층에게 참여 수당으로 월 150만 원씩, 최대 3개월간 총 450만 원을 지원한다. 최근 국가 지원 정책이 청년층에 집중되는 것과 달리, 이 정책은 오롯이 중장년층을 대상으로 하며 소득 제한 없이 50세 이상이면 누구나 신청할 수 있다는 점이 가장 큰 장점이다.

가까운 고용센터나 중장년 내일 센터에서 방문 신청하거나, 워크넷(www.work.go.kr)에서 온라인 신청도 가능하다.

임플란트 건강보험 적용

✳

노후에 가장 큰 걱정거리 중 하나가 바로 늘어나는 의료비 문제다. 특히 중장년층에서 노년층으로 넘어가는 동안 치과 치료 비용이 급격히 증가한다. 현재 임플란트 1개 시술비의 평균 금액은 120만 원 이상으로, 소득이 줄어드는 노년기에는 매우 부담스러운 수준이다. 하지만 비용 때문에 치료를 미루다 보면 씹는 기능이 저하되어 영양 불균형은 물론 전신 건강 악화로 이어지는 악순환이 발생한다.

이러한 문제를 해결하기 위해 만 65세 이상이면 임플란트 비용을 건강보험에서 지원해 주는 정책이 있다. 1인당 2개까지 본인 부담률 30%를 적용한다.

치과병(의)원에서 대상자 판정을 받은 후, 치과병(의)원에서 공단 홈페이지를 통해 등록 대행하거나 본인이 공단에 팩스, 우편, 방문을 통해 신청서를 제출하면, 통보 결과에 따라 시술비 지원을 받을 수 있다.

현재 정치권과 치과계에서는 임플란트 건강보험 적용 연령을 낮추고 보험 적용 개수를 늘리는 등 혜택을 확대하는 방안을 논의 중이다. 확정이 된다면 치료 과정 중에 발생하는 경제적 문제를 상당 부분 덜어주는 효자 정책이 될 것이다.

장기요양보험

✳

평균 수명이 늘어나면서 치매·뇌졸중·파킨슨병 등 노인성 질환을 앓는 기간도 길어지고 있다. 문제는 간병과 요양에 드는 비용이 월 수십만 원에서 많게는 수백만 원까지 발생한다는 점이다. 자녀가 직접 부모를 돌보지 못할 경우 간병인을 고용하거나 요양시설에 입소시켜야 하는데, 이는 중산층 가정에 큰 경제적 부담으로 작용한다.

이러한 문제를 해결하기 위해 정부가 마련된 제도가 바로 장기요양보험이다. 만 65세 이상이거나 65세 미만이어도 노인성 질환을 가진 사람이라면 소득과 무관하게 신청할 수 있다.

장기요양보험은 '현금 지급'이 아니라 '서비스 지원'이다. 신청 후 공단의 방문 조사와 등급 판정을 거쳐 1~5등급이나 인지지원등급을 받으면 방문요양, 방문간호, 주야간보호센터 이용, 단기보호, 요양시설 입소 등의 서비스를 이용할 수 있다.

비용의 대부분은 보험에서 부담하며, 본인 부담률은 재가 서비스는 약 15%, 시설 서비스는 약 20% 수준이다. 이 제도를 활용하면 월 수십만 원에서 많게는 100만 원 이상에 달하는 돌봄 비용을 절감할 수 있어 체감 효과가 매우 크다.

가까운 국민건강보험공단 지사에서 방문 신청하거나 공단

홈페이지(www.nhis.or.kr)에서 온라인 신청도 가능하다.

노인 일자리 및
사회 활동 지원 사업

*

현재 우리나라는 노인 빈곤율이 OECD 국가 평균의 3~4배 수준으로, 공적 연금만으로는 생활비가 턱없이 부족한 경우가 대부분이다. 아울러 사회적으로도 60세 이후에도 일을 하고자 하는 의지가 강하고, 건강 수명도 늘어나면서 70대에도 건강한 사회생활을 영위하려는 사람들이 늘어나는 추세다.

노년기의 3대 고민이라 불리는 돈, 건강, 외로움의 문제를 한 번에 해결할 수 있는 것이 바로 소일거리 또는 세컨드 잡 같은 반퇴소득 활동이다. 이러한 노년층의 수요에 맞춰 정부는 노인 맞춤 일자리를 대폭 확대하는 정책을 시행한다.

대상자는 만 60세 이상으로 유형에 따라 상이하다. 공익활동형, 사회서비스형, 시장형 사업단, 취업 알선형이 있고 유형별로 활동 내용, 활동 시간, 보수 등이 모두 상이하다.

가까운 행정복지센터, 노인복지관 시니어클럽에서 방문 신청하거나, 복지로(www.bokjiro.go.kr)에서 온라인 신청도 가능하다.

◆ 노인 일자리 및 사회 활동 지원 사업

유형	대상	내용	보수(월 기준)
공익 활동형	만 65세 이상 기초연금 수급자 우선	환경 정비, 스쿨존 안전 지킴이, 공공시설 봉사 등 지역사회 공익 활동	약 27~30만 원 (월 30시간 내외 기준)
사회 서비스형	만 65세 이상 (일부 60세 이상 가능)	돌봄 보조, 보육 보조, 장애인 지원, 공공행정 보조 등	약 60~70만 원 (월 60시간 내외 기준)
시장형 사업단	만 60세 이상	실버 카페, 공동 작업장, 도시락·반찬 제조, 매장 운영 등 수익형 사업	수익에 따라 상이
취업 알선형	만 60세 이상	민간기업 취업 연계 (경비, 미화, 단순 사무보조 등)	근로계약에 따름

기초연금

✳

기초연금은 만 65세 이상이면서 소득 하위 70%를 대상으로 지급되는 제도다. 소득·재산 수준을 합산한 '소득 인정액'이 정부가 정한 선정 기준액 이하일 경우 매월 지급된다.

2025년 기준 선정 기준액은 단독 가구 월 228만 원 이하, 부부 가구 월 364만 8,000원 이하다. 여기서 소득 인정액은 월 소득 평가액과 재산의 월 소득 환산액을 합산한 금액을 말한다.

2025년 기준 기초연금 최대 지급액은 단독 가구 월 약 34만 원이며, 부부가 모두 수급할 경우에는 각각 최대 약 27만 원이 지급된다.

현행 제도에서는 부부가 모두 기초연금을 받을 경우 각각 20%가 감액되어 지급된다. 이는 부부 가구의 생활비가 단독 가구보다 낮다는 점을 반영한 제도적 장치다. 다만 부부 감액 제도에 대해서는 형평성 논란이 지속적으로 제기되고 있으며, 일부 정치권과 전문가들 사이에서 폐지 또는 완화 방안이 논의되고 있다.

주소지 관할 행정복지센터나 가까운 국민연금공단 지사에서 방문 신청하거나, 복지로(www.bokjiro.go.kr)에서 온라인 신청도 가능하다.

시간을 내 편으로 만드는 투자법

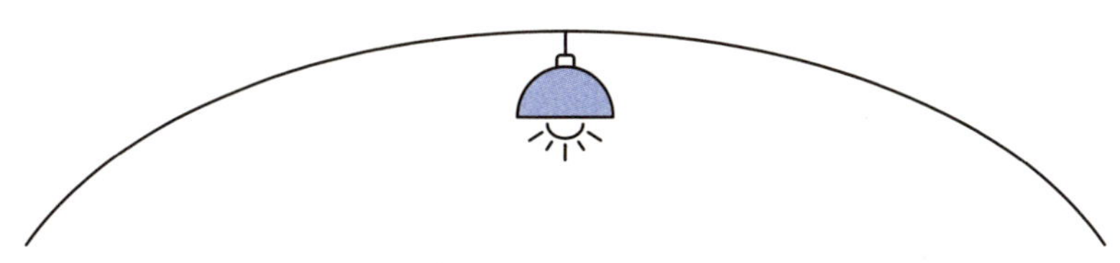

시간이 만드는 노후 자산이 불어나는 마법

노후 준비에서 중요한 3가지

*

노후의 경제적 안정은 3가지 함수 의해 결정된다. 바로 소득, 시간, 그리고 수익률이다.

노후의 경제적 안정 = 소득 × 시간 × 수익률

그런데 이것을 노후를 위한 재테크, 즉 금융 상품 관점에서 바라보면 다음과 같이 달라진다.

노후의 경제적 안정 = 투자 원금 × 기간 × 수익률

결국 이 3가지가 조화를 이루며 균형 있게 늘어나야 노후의 경제적 안정이 보장된다. 단 한 가지만으로는 충분하지 않다는 말이다. 하지만 은퇴가 가까울수록 사람들은 수익률에만 집착한다. 그도 그럴 것이 최근 자산 시장은 주식이나 부동산 할 것 없이 폭발적으로 성장했기 때문이다.

부동산은 새 정부 들어서 대출 규제 등 각종 수요 억제책이 나올 정도로 급격히 상승했다. 2025년 6월 4주 차 기준 서울의 주간 매매가 변동률은 0.43%, 성동구는 0.99%가 올랐다. 이 정도의 상승 속도라면 52주(1년)로 계산했을 때 서울 평균은 1년에 22%가 오르는 속도이고, 성동구는 무려 51%가 오르는 속도다(복지를 반영하지 않은 단순 52배 계산으로 실제 연간 누적 상승률은 매년 통계에서 따로 집계된다).

하지만 부동산은 아무래도 자금이라는 진입 장벽이 있으므로, 노후 준비를 위해 뭐라도 해봐야겠다고 생각하는 사람이라면 대부분 주식에 관심을 갖게 된다.

최근 국내 주식도 크게 성장하는 모습을 보여줬지만, 2022년 이후 꾸준히 상승세를 이어가는 것은 단연 미국 주식이다. 그중에서도 AI를 기반으로 한 기술주와 빅테크 기업들의 비중이 큰 나스닥 지수의 경우, 2023년 2월 말~2026년 2월 말까지 누적 상승률은 97.9%다.

상황이 이렇다 보니 노후 준비를 위해 미국 주식 투자에 뛰어드는 사람이 빠르게 늘고 있다. 하지만 앞서 언급한 대로 노후 준비에는 3가지의 균형이 반드시 필요하다. 최근 미국 주식 투자로 높은 수익률을 거뒀다고 하는 사람들이 많은데, 실제로 얼마의 '수익금'이 거뒀는지는 확인할 길이 없다. 대부분 투자 원금 자체가 크지 않아서 높은 수익률에도 불구하고 인생을 바꿀 만한 큰 수익에는 이르지 못한다.

1억 원을 나스닥 지수에 투자했다면 3년 뒤에 97.9%의 수익률, 즉 3년 동안 9,790만 원이라는 엄청난 투자 수익금을 손에 쥐겠지만, 현실적으로 일반인이 경제 활동을 시작하면서 100~200만 원 정도가 아닌 1억 원 이상의 꽤 큰돈을 오랜 기간 주식 시장에 투자하기가 현실적으로 쉽지 않다. 왜냐하면 차를 사거나, 결혼을 하고, 내 집 마련을 준비하는 등 경제 활동기에 목돈을 지출할 일이 너무나 많기 때문이다. 결혼, 차, 내 집 마련 모두를 포기하고 오로지 노후 준비에 집중한다면, 가능한 일일

지도 모른다. 하지만 이런 경우는 거의 없다고 봐야 한다.

　그렇다면 이 3가지 모두를 균형 있게 올리는 방법은 무엇일까? 우선은 원금과 기간이 구조적으로 높아져야 한다. 원금이란 결국 소득인데, 소득이 높아지는 것보다 더 좋은 재테크는 없기 때문이다.

수익률보다 중요한 건
투자 원금이다

*

최근에 자산 시장이 폭발적으로 성장하면서 많은 사람이 공포감과 불안감을 느끼고 있다. 2026년 2월 말 기준으로 지난 3년간 자산 성장률을 보면 미국 나스닥 지수는 약 98%가 올랐다. 금은 189%, 비트코인도 190%가 상승했다. 이 중 하나라도 올라타지 못했다면 여기저기에서 수익률 인증하고 자신의 자산 성장 무용담을 이야기하느라 정신없는 사람들 사이에서 소외감이 드는 것은 당연한 일일 것이다.

　같은 시기 은마아파트는 84m² 기준 약 63%가 올랐다. 수익률 면에서만 보면 아파트가 가장 낮다. 하지만 일반적인 투자 규모를 생각해 보면, 실제 자본소득 금액은 아파트가 가장 크다.

　　　　　　　　　　　　　　　딱 50부터 노후 준비합시다

왜냐하면 아무리 주식 투자를 많이 하는 사람이라도 나스닥 지수에는 보통 수천만 원 규모로 투자하는 경우가 많기 때문이다. 금도 마찬가지다. 비트코인과 같은 위험 자산에는 큰돈을 투자하는 경우가 더욱 드물다.

나스닥 지수에 5,000만 원을 투자했다면 수익은 3년간 4,900만 원이다. 금에 5,000만 원을 투자했다면 수익은 3년간 9,450만 원이 된다. 상대적으로 투자 위험이 가장 높은 비트코인에는 그보다 적은 1,000만 원을 투자했다면 수익은 3년간 1,900만 원이다. 하지만 은마아파트는 63%밖에 못 올랐다고 하지만 3년 전 22억 3,000만 원에서 지금 36억 4,000만 원이 되었으므로, 실제 투자 금액 13억 8,000만 원(전세가 8억 5,000만 원 제외 갭 투자 가정)으로 22억 6,000만 원의 수익이 발생한 셈이 된다. 이처럼 수익률보다는 원금의 규모가 실제로는 수익금을 결정한다.

노후 자산을 불리는 데 가장 중요한 것은 원금의 규모다. 하지만 대부분의 사람들은 원금을 키우기가 어렵다. 어쩌면 이 한계가 명확하기에 사람들이 수익률에 더욱 집착하는지도 모르겠다. 하지만 수익률은 나의 노력과 의지에 비례하지 않는다. 최근 주식 시장이 굉장히 호황이라 수익률이 꽤나 좋은 편이긴 하나 이것은 때를 잘 만난 것일 뿐, 나의 실력이나 노력의 결과물이라고 보기는 어렵다. 앞서 분산 투자을 해야 하는 이유가 대해 이야기하지 않았던가? 애석하게도 시장은 나의 마음과 무관하게 움직인다.

투자자의 강력한 무기, '시간'

＊

그렇다면 우리의 의지와 노력으로 높일 수 있는 요소는 무엇일까? 바로 '시간'이다. 최근 모든 자산의 단기 수익률이 좋지만, 최근 상승한 자산들의 장기 수익률을 보면 지금보다 더 어마어마하다. 일찍 투자를 시작했다면 원금 규모가 굉장히 작더라도 시간의 힘이 더해져 놀라운 결과를 기대해 볼 수 있었을 것이다.

직장 생활을 시작하고 은퇴할 때까지 최소 20년의 시간이 있다고 가정해 보자. 이 시간 동안 자산은 얼마나 상승했을까?

나스닥 지수는 20년간 2281.39포인트에서 22,668.21포인트까지 무려 894%가 상승했다(2006년 2월 말~2026년 2월 말). 중간에 부침이 없었던 것도 아니다. 2022년 러시아-우크라이나 전쟁 발발로 글로벌 공급망 붕괴와 미국을 포함한 주요국 중앙은행의 금리 인상이라는 3가지 악재가 한꺼번에 시장에 나타난 '퍼펙트 스톰(Perfect storm)'이 몰려왔고 1년 새 나스닥 지수는 33%

◆ 시간의 힘을 보여주는 나스닥 지수

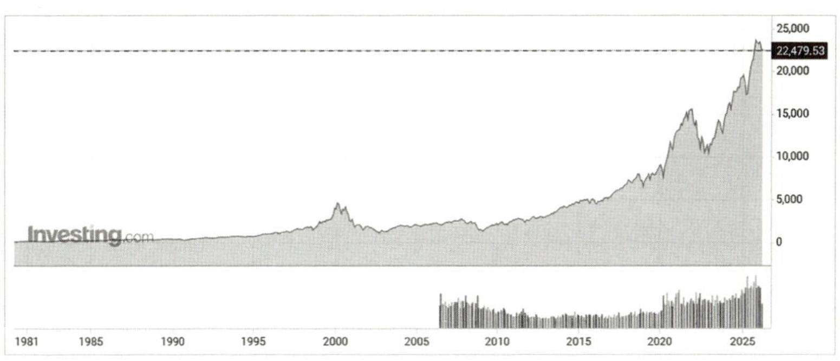

출처: 인베스팅닷컴

나 하락했다. 하지만 결과적으로 나스닥 지수는 우상향했다.

금은 어땠을까? 금은 예로부터 대표적인 안전 자산으로 여겨졌다. 현물을 많이 사 모으는 사람도 있지만, 위험 자산처럼 자산 가격이 엄청나게 상승한다는 기대를 갖고 있지는 않았다. 하지만 최근과 같은 변동성의 시대에 가장 각광받는 자산이며, 안전 자산이지만 수익률도 매우 좋은 자산으로 인식되고 있다.

금이 이처럼 수익률이 매우 좋은 자산이 된 이유는 무엇일까?

금값 상승 요인

① 세계 경제의 불확실성 증가

② 달러화의 약세와 인플레이션 우려

③ 세계 각국 중앙은행의 금 보유 정책

금은 20년간 온스당 561.75달러에서 5,277.90달러까지 840%가 상승했다(2006년 2월 말~2026년 2월 말). 안전 자산이라 위험 자산인 주식과 다르게 한 번도 급락하거나 위기를 맞은 적이 없다고 생각하겠지만, 그래프를 보면 알 수 있듯이 금도 매번 오르기만 한 것은 아니다. 2012년부터 2015년까지 3년간 대폭 하락하기도 했다. 이 시기에는 양적 완화로 금리가 여전히 낮았지만, 양적 완화의 종료로 경제가 회복한다는 기대감에 안전 자산보다 위험 자산을 선호하는 심리가 커지면서 금값이 하락한 것이다. 하지만 금도 나스닥 지수처럼 장기적으로 꾸준히 상승했으며, 최근 세계 경제의 불확실성이 커지면서 더욱 상승 폭이 커졌다.

비트코인은 어떨까? 나스닥 지수, 금과 달리 비트코인의 변동성은 롤러코스터와 같은 엄청난 급등과 하락을 반복했다. 단

◆ 시간의 힘을 보여주는 금 가격

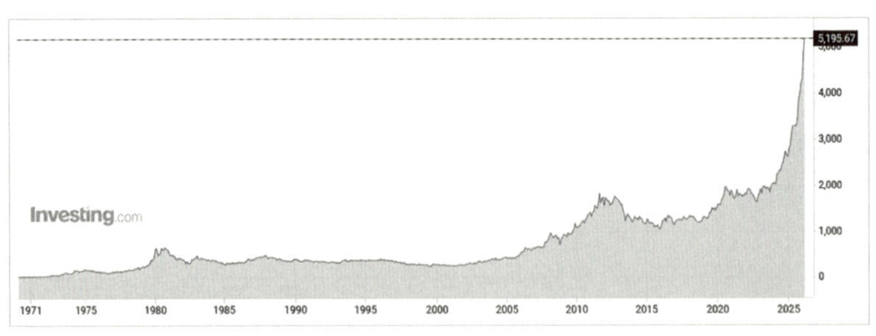

출처: 인베스팅닷컴

 딱 50부터 노후 준비합시다

기적인 시각으로 접근했다면 절대 버틸 수 없는 등락폭이다. 그래서 많은 사람이 장기 보유를 하지 못하고 이 자산을 팔았다.

하지만 비트코인조차도 장기 우상향했으며 장기 수익률은 실로 엄청나다. 비트코인은 역사가 짧으니 최근 10년간 추이를 보면, 2016년 2월 말 436.2달러였던 비트코인은 2026년 2월 말 66,995달러를 기록하며 무려 15,258% 상승했다. 10년 전에 50만 원을 투자해서 보유하고 있다면 현재 1억 2,620만 원이 되었다는 의미이니 실로 놀랍다.

부동산은 어땠을까? 부동산 중에서도 주택, 그중에서도 언론에서 가장 많이 회자되는 강남 대치동의 은마아파트는 20년 전인 2006년 2월 11억 원 정도에서 2026년 2월 36억 4,000만 원으로 231%가 올랐다. 나스닥 지수, 금, 비트코인과 같이 20년간

◆ 시간의 힘을 보여주는 비트코인 가격

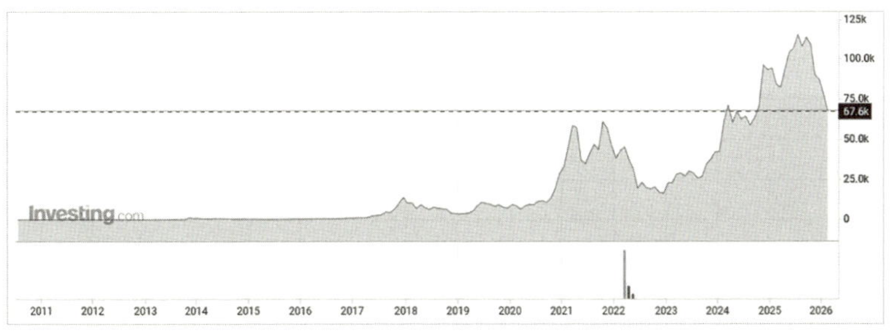

출처: 인베스팅닷컴

꾸준히 오른 결과다. 앞서 언급한 자산에 비해 수익률이 다소 낮아 부동산은 투자 자산으로서 매력적이지 않다고 생각할 수도 있다. 하지만 나스닥 지수, 금, 비트코인은 사용가치가 0이지만, 아파트는 보유한 사람이 거주할 수 있으며 거주하면서 이런 자산 가격의 상승을 이뤘다는 점에서 보면 그 평가는 달라질 수 있다.

즉 20년 전에 11억 원에 은마아파트를 매수해서 거주한다면, 투자 원금은 11억 원이 아니다. 실제로는 전세가를 제외한 만

◆ 시간의 힘을 보여주는 아파트 가격

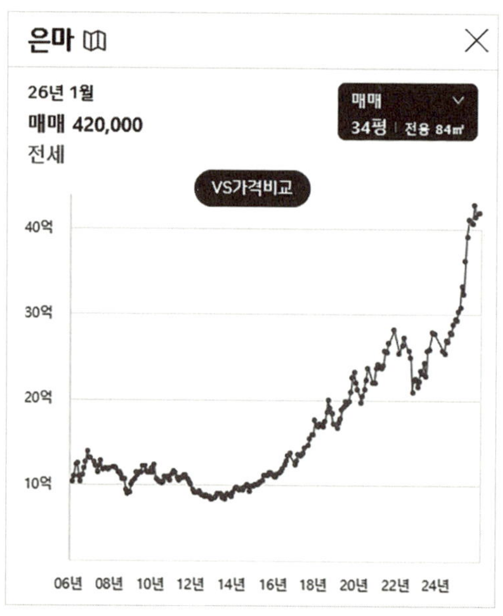

딱 50부터 노후 준비합시다

큼만 투자한 셈이므로 사실상 투자 원금은 7억 5,000만 원(갭투자 가정해서 전세가 3억 5,000만 원 제외)이다. 따라서 은마아파트의 20년간 수익률은 385%라고 평가된다. 그렇다면 이 역시 앞서 자산들처럼 시간의 힘으로 엄청난 상승을 기록한 셈이다. 노후 준비를 위해 왜 시간의 힘에 집중해야 하는지 알겠는가?

노후 자금은 가장 오래 투자할 수 있는 돈이다

*

사실 일반적인 직장인이 매달 100만~200만 원이 아니라 수천만 원에서 수억 원에 이르는 큰돈을 투자하기란 쉽지 않다. 또한 그런 큰돈을 10년, 20년씩 긴 시간 동안 묶어두는 것도 현실적으로 어렵다.

하지만 이 이야기를 거꾸로 생각해 보면 답은 단순하다. 누군가가 '의미 있는 금액'을 '의미 있는 시간' 동안 투자할 수 있다면 부자가 되는 것은 따 놓은 당상이라는 의미다.

그렇다면 일반적인 직장인이 비교적 작은 금액이라도 최소 10년에서 20년 동안 꾸준히 투자할 수 있는 돈은 무엇일까? 아래 보기 중에서 하나를 골라보자.

① 결혼 자금

② 자동차 구입 자금

③ 내 집 마련 자금

④ 사업 자금

⑤ 노후 자금

아마 대부분이 ⑤ 노후 자금을 선택했을 것이다. ① 결혼 자금이나 ② 자동차 구입 자금은 사용 시기가 정해져 있기 때문에 10년, 20년씩 장기적으로 투자하기 어렵다. 하지만 노후 자금은 다르다. 사회 생활을 시작한 뒤 최소 20년 이상이 지나야 노후를 맞이하기 때문에 적은 금액이라도 오랜 시간 꾸준히 투자할 수 있다.

물론 투자만으로 노후 준비를 완성하기는 쉽지 않다. 기대 수명이 늘어나면서 필요한 노후 자금도 크게 증가했기 때문이다. 그럼에도 '원금, 시간, 수익률'이라는 3가지 변수 가운데 시간은 우리가 활용할 수 있는 가장 강력한 자원이니 적극 활용해야 한다. 같은 금액이라도 더 오랜 시간 투자할 수 있다면, 그 결과는 전혀 다른 수준으로 커질 수 있기 때문이다.

노후 자산의 운명을 바꾸는 투자 원칙

자산이 꾸준하게
장기 우상향하는 이유

*

우리는 앞서 노후생활비가 얼마나 필요한지를 지금의 생활비에 기초해서 계산해 봤다. 계산하면서 느꼈겠지만, 안정된 노후 생활을 위해서는 생각보다 훨씬 많은 생활비가 들어간다. 따라서 1차 은퇴를 하더라도 완전 은퇴가 아닌 저속 은퇴를 통해 사회

생활과 경제 활동을 연장해야 한다. 반퇴소득이 노후생활비를 지켜줘야 안정적인 노후 준비가 가능해지기 때문이다. 60세부터 70세까지 10년간은 금액이 적더라도 반퇴소득의 유무가 노후 경제를 좌우하는 핵심 변수가 된다.

하지만 그것만으로는 부족하다. 그래서 공적연금, 퇴직연금, 개인연금이라는 '3층 연금'이 더해져야 한다.

언젠가 세컨드 잡도 더 이상 이어갈 수 없는 시기가 오게 된다. 그리고 오롯이 나만을 위한 시간을 보내고 싶은 시기가 찾아온다. 물론 재테크만으로 노후가 해결되지 않는다고 하지만, 그럼에도 완전 은퇴 후 안정된 노후 생활을 위해 첫째로 떠올리는 것이 바로 '어디에 투자해야 할까?'라는 생각이다.

여러분은 어디에 투자해야 한다고 생각하는가? 우리는 앞서 자산들의 엄청난 성장에는 강력한 시간의 힘이 뒷받침되었다는 사실을 확인했다. 그렇다. '시간'에 투자해야 한다.

지난 20년(10년)간 자산 성장률

① 나스닥 지수: 894%(2006년 2월 말~2026년 2월 말)

② 금: 840%(2006년 2월 말~2026년 2월 말)

③ 비트코인: 15,258%(2016년 2월 말~2026년 2월 말)

④ 은마아파트: 231%(2016년 2월~2026년 2월)

4가지 자산이 이렇게 장기간 꾸준히 상승하는 근본적인 이유는 무엇일까? 주식은 그 기업 활동의 결과물인 수익과 그 수익의 성장성이 주가에 반영되며 상승하고, 아파트 역시 월세라는 현금 흐름과 미래 개발 호재가 가격을 결정한다. 하지만 큰 흐름에서 보자면 이 4가지 자산에는 공통점이 있다. 바로 공급이 더 이상 크게 늘어나지 않는다는 것이다. 즉 '희소성'이 자산의 장기 우상향을 이끄는 요소다.

나스닥 지수에 편입된 글로벌 AI 기업들은 지난 수십 년간 생겨나고 사라지기를 반복해 왔지만, 지금의 AI 산업의 생태계를 이끄는 기업들은 더 이상 쉽게 늘어나지 않는다. 금과 비트코인도 마찬가지다. 채굴되면서 수량이 조금씩 늘어나기는 하나 그 증가 폭은 매우 소폭에 그친다. 비트코인은 현재 2,100만 개 중 93% 정도가 이미 채굴되었고 최근에는 채굴이 쉽지 않아 늘어나는 속도가 상당히 더디다. 금 또한 과거보다 새로운 광산의 대규모 발견이 점점 줄어 채굴량의 급격한 증가는 기대하기 힘들다. 서울의 인기 있는 지역 아파트도 공급량이 늘어나기는 하지만 한정된 공간 때문에 증가 폭은 매우 제한적이다.

자산 증가 속도보다 빠른 돈의 증가 속도

그렇다면 자산가치를 나타내는 화폐, 즉 '돈'은 얼마나 빨리 늘어나고 있을까? 짐작하겠지만 돈의 증가 속도는 4가지 자산보다 훨씬 빠르다. 앞서 언급한 4가지 자산의 폭발적인 장기 수익률은 자산이 늘어나는 속도에 비해 돈이 늘어나는 속도가 훨씬 더 빠르기 때문이다.

지난 20년간 통화량의 증가 추이를 보자. 미국의 통화량(M2)은 22조 4,421억 달러다(2026년 1월 기준). 2006년 6조 7,301억 달러에 비해 20년간 약 233.5%가 증가한 수치다. 특히 2020년 코로나19로 인한 경제 위기를 극복하기 위해 막대한 재정 정책이 시행되고 중앙은행이 대규모로 유동성을 공급하면서, 2020년 2월부터 금리 인상이 본격화되던 2022년 2월까지 무려 2년 만에 통화량은 6조 2,156억 달러 늘어났다. 원화로 계산해 보면 약 8,949조 원만큼의 달러가 더 생겨난 셈이다(1,439.7원/달러 기준).

◆ 미국의 통화량

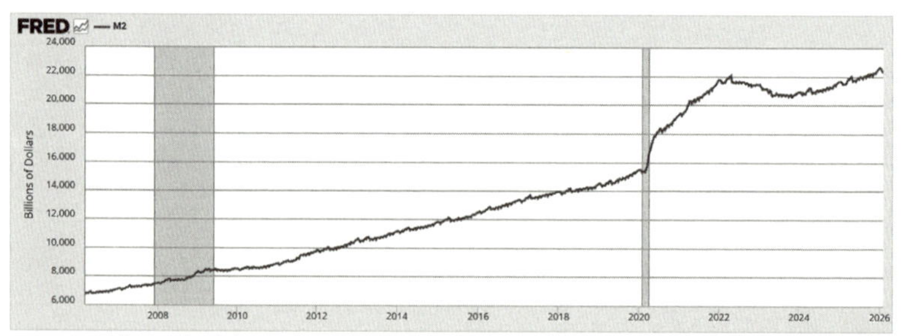

출처: FRED

이처럼 돈의 증가가 다른 자산의 증가 속도보다 빠르기 때문에 자산 가격은 전반적으로 상승하고, 특히 희소한 자산일수록 더 큰 폭으로 오르게 된다.

최근 주식 시장은 'AI 거품론'과 'AI 대세론'이 충돌하고 있다. "너무 비싸졌고 거품이다"라고 주장하는 측과, "급등한 건 맞지만 앞으로도 계속 오를 것이다"라고 주장하는 측이 팽팽히 맞서고 있다. 그도 그럴 것이 주식 시장에서는 보기 드물게 상승장이 계속 이어지기 때문이다.

이런 논쟁에도 불구하고 분명한 사실은 이제는 투자를 외면하기 어려운 시대가 되었다는 것이다. 최근 아파트 거래와 대출 규제가 강해지면서 아파트 투자가 힘들어지자, 모든 자산이 오른다는 에브리싱 랠리에서 나만 소외되면 안 된다는 공포감에 주식으로 돈이 몰려들고 있다. 말 그대로 주식 투자의 위험도 존재하지만, 이제는 '주식 투자를 하지 않는 위험'도 분명히 존재하는 시대가 된 것이다. 그렇다면 노후 준비를 위해서 주식 투자도 무조건 배제할 수는 없다. 다만 주식 시장에 뛰어들기 전에 반드시 알아두어야 할 3가지 원칙이 있다.

① 투자 효과가 나타나는 최소 투자금이 있다

✳

여러 번 강조했듯이 투자 수익률보다 원금이 중요하지만, 평범한 직장인이 경제 활동을 하는 시기에 굉장히 의미 있는 목돈을 투자하기는 굉장히 어렵다. 하지만 실질적인 투자 효과가 나타나는 최소 투자금이 있다.

10년 차 공무원인 김영빈(가명) 씨는 얼마 전 친구에게 전화 한 통을 받았다. 오랜만에 저녁 한 끼를 먹자는 제안이었다.

오랜만에 만난 김영빈 씨에게 친구는 투자 이야기를 시작하며 "영빈아, 너는 엔비디아 몇 주 갖고 있냐?"라고 물었다. 김영빈 씨는 순간 당황했다. "어? 엔비디아 없는데 왜?"라고 답하니 친구는 표정이 일그러지며 당황한 그에게 호통치듯 말을 했다.

"아니 요즘 세상에 공무원이 미국 주식 투자도 안 하면 어떻게 하려고 그래?"

당황했지만 김영빈 씨는 친구에게 되물었다.

"그럼 넌 어떻게 투자해서 좀 괜찮아진 거야?"

친구는 의기양양하게 답했다.

"난 3년 전부터 S&P 500에 투자해서 수십% 수익을 올렸지!"

저녁 시간 내내 친구의 투자 무용담은 계속되었다. 친구에게 축하의 말을 건넸지만, 집으로 돌아오는 길에 김영빈 씨 마음속에는 왠지 모를 불안감과 공포감이 엄습했다. 그동안 주변에서 미국 주식에 투자해 성공한 사람들을 보면서도 신경 쓰고 싶지 않아서 애써 외면했는데 그날은 '나만 벼락 거지가 되고 있었구나' 하는 마음에 공포감마저 들었다고 한다.

지난 3년간 S&P 500 지수는 얼마나 올랐을까? 2023년 2월 말 S&P 500 지수는 3970.15였는데 3년 후 2026년 2월 말에는 6,878.88까지 올랐다. 계산기를 두드려 보니 상승률이 무려 73%.

◆ 지난 3년간 S&P 500 지수 상승률

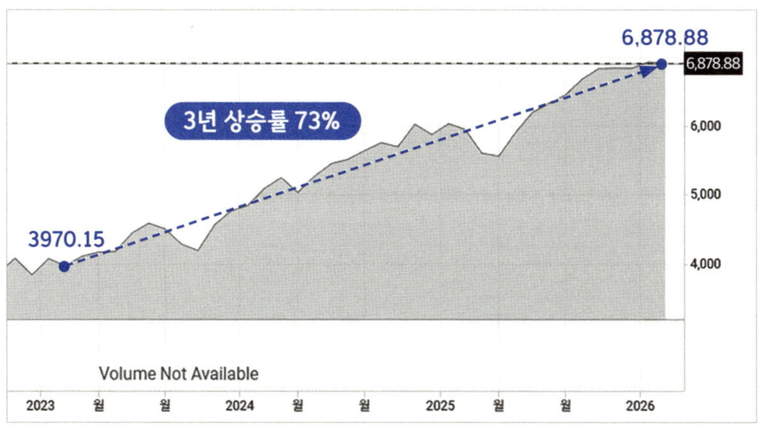

출처: 인베스팅닷컴

공무원공제회 저축(연 3.5% 복리 상품)에 매월 성실히 불입하고 있는 김영빈 씨는 73%라는 숫자를 보고 깜짝 놀랐다.

그런데 과연 김영빈 씨 친구의 투자 수익률이 정말 73%일까? 투자 수익률 73%를 거두기 위해서는 2023년 2월에 S&P 500 지수에 일시금으로 일정 금액을 투자하고 3년간 단 한 번도 돈을 찾지 않아야 가능한데, 그 친구는 과연 이런 방식으로 투자한 것일까?

아니다. 그 친구도 직장인이기 때문에 2023년 2월부터 매월 일정 금액을 적립식으로 투자할 수밖에 없었다. 김영빈 씨는 월 50만 원씩 저축하고 있었는데 친구도 같은 금액을 매월 S&P 500 지수에 적립식으로 투자했다. 김영빈 씨와 친구의 3년간의 수익금과 수익률 차이는 얼마나 될까?

3년간 S&P 500 지수에 투자한 결과 자산은 2,342만 원이 된다. 연 수익률로 환산하면 30% 수준이다. 반면 김영빈 씨도 3.5%짜리 적금에 가입해 꾸준히 불입했고 3년 뒤에는 1,885만 원 정도가 모인다. 결국 두 사람의 수익금 차이는 3년간 457만 원 정도다. 물론 457만 원이 적지 않은 돈이다. 매월 납입하는 돈의 10배만큼의 추가 수익이기 때문이다. 하지만 김영빈 씨는 3년간 457만 원이라는 차이를 보고 생각보다 큰 금액은 아니라고 느꼈다.

   딱 50부터 노후 준비합시다

◆ S&P 500 지수에 월 50만 원씩 3년간 투자했을 때

년월	S&P500지수	투입금액	투자개월	총수익률	해당월수익금
2023년2월	3,970	500,000	36	73.2%	366,247
2023년3월	4,109	500,000	35	67.4%	336,943
2023년4월	4,169	500,000	34	65.0%	324,898
2023년5월	4,179	500,000	33	64.6%	322,924
2023년6월	4,450	500,000	32	54.6%	272,809
2023년7월	4,588	500,000	31	49.9%	249,564
2023년8월	4,507	500,000	30	52.6%	263,035
2023년9월	4,288	500,000	29	60.4%	302,006
2023년10월	4,193	500,000	28	64.0%	320,176
2023년11월	4,567	500,000	27	50.6%	253,011
2023년12월	4,769	500,000	26	44.2%	221,116
2024년1월	4,845	500,000	25	42.0%	209,804
2024년2월	5,096	500,000	24	35.0%	174,843
2024년3월	5,254	500,000	23	30.9%	154,549
2024년4월	5,035	500,000	22	36.6%	183,019
2024년5월	5,277	500,000	21	30.3%	151,696
2024년6월	5,460	500,000	20	26.0%	129,853
2024년7월	5,522	500,000	19	24.6%	122,782
2024년8월	5,648	500,000	18	21.8%	108,888
2024년9월	5,762	500,000	17	19.4%	96,841
2024년10월	5,705	500,000	16	20.6%	102,805
2024년11월	6,032	500,000	15	14.0%	70,126
2024년12월	5,881	500,000	14	17.0%	84,764
2025년1월	6,040	500,000	13	13.9%	69,371
2025년2월	5,954	500,000	12	15.5%	77,595
2025년3월	5,611	500,000	11	22.6%	112,903
2025년4월	5,569	500,000	10	23.5%	117,526
2025년5월	5,911	500,000	9	16.4%	81,797
2025년6월	6,204	500,000	8	10.9%	54,320
2025년7월	6,339	500,000	7	8.5%	42,515
2025년8월	6,460	500,000	6	6.5%	32,353
2025년9월	6,688	500,000	5	2.8%	14,205
2025년10월	6,840	500,000	4	0.6%	2,778
2025년11월	6,849	500,000	3	0.4%	2,117
2025년12월	6,845	500,000	2	0.5%	2,411
2026년 1월	6,978	500,000	1	-1.4%	- 7,165
2026년 2월	6,878				
합계금액		원금	18,000,000	수익금액	5,425,423
	23,425,423	수익률	30%		

투자는 많은 시간과 에너지를 소모한다. 지난 3년간 밤에 푹 자고 낮 시간에는 본업을 충실히 해온 김영빈 씨와 달리, 친구는 미국 증시 거래 시간 때문에 열흘에 3번꼴로 새벽에 눈이 떠졌을 것이다. 그리고 매일 스마트폰으로 주식 창을 들여다보며 여러 가지 생각을 했을지도 모른다. 친구는 그렇게 들인 에너지와 시간으로 안마의자 1대 값을 더 번 셈이다. 만일 김영빈 씨가 '청년도약계좌'에 저축을 한다면 친구와 수익금 차이는 500만 원에서 200만 원 이하로 줄어들게 된다(정부 지원금 및 우대 이율에 따라 상이하다). 이런 생각을 하고 나니 김영빈 씨는 오히려 피식하고 웃음이 나왔다. 월 50만 원의 투자금으로는 주식 투자에서 인생이 바뀔 만한 투자 효과가 나타나지 않는다는 생각 때문이었다.

S&P 500 지수에 1억 원을 투자한 사람과 1,000만 원을 투자한 사람, 그리고 100만 원을 투자한 사람이 있다면 누가 더 오랜 시간 주식 창을 들여다볼까? 투자금이 클수록 주식 창을 들여다보는 시간도 많을까? 절대 그렇지 않다. 에너지와 시간 소모를 생각했을 때 월 100만 원 이상을 꾸준히 투자하는 게 아니라면 주식 투자에서 유의미한 수익을 얻기 힘들다. 직장인들은 가장 기본인 근로소득을 위해 그 시간과 에너지를 자신의 본업에 투자해야 하기 때문이다.

② 빚투는 투자 실패로 이어지기 쉽다

✳

최근 에브리싱 랠리의 상황 속에서 조급한 마음에 빚을 내서라도 투자하겠다는 사람이 늘고 있다. 금융위원회가 2025년 11월에 발표한 '2025년 10월 가계대출 동향'에 따르면, 지난달 전 금융권 가계대출은 전월 대비 4조 8,000억 원 증가했다. 전달 증가액(1조 1,000억 원)과 비교하면 증가 폭이 4배 이상 확대된 셈이다.

가계대출 증가를 이끈 것은 신용대출 증가였다. 주택담보대출은 3조 2,000억 원 증가해 전월(3조 5,000억 원)보다 증가 폭이 다소 줄었다. 금융권은 그간 박스권에 갇혔던 코스피가 지속 상승하자 개인 투자자들이 마이너스 통장 등 신용대출을 활용해 투자에 나서는 '빚투'가 확산한 영향으로 보고 있다. 코스피의 불장과 맞물려 신용거래융자 잔고가 2026년 2월 25일 기준으로 약 31조 7,123억 원을 기록했는데, 이는 2021년 9월 이후 사상 최고치를 갈아치웠던 2025년 11월 사상 최고치인 약 25조 8,000만 원보다 크게 상승한 것이다.

빚투는 투자의 관점을 단기적인 시각으로 바꿔놓는다. 왜냐하면 부채를 활용하는 순간, 반드시 감당해야 할 이자 비용이 발생해 '요구 수익률'이 높아지기 때문이다. 여유 자금으로 투자하는 사람은 최저 요구 수익률이 예금 금리인 2~3% 수준에 불과하다. 그래서 자연스럽게 장기적인 시각을 갖게 된다. 반면 돈을 빌려 투자하는 빚투 투자자는 대출 금리와 예금 금리를 합한 수준보다 높은 수익을 얻어야만 투자에 성공했다고 생각한다. 이 때문에 시장이 조금만 흔들려도 버티지 못하고 종목을 바꾸거나 손절을 하는 등 투자 시각이 단기적으로 변하게 된다. 결국 자신의 투자 성향과 맞지 않는 투자를 하게 만들고 잦은 거래를 유발해 투자 실패로 이어지는 경우가 많다.

③ 특정 종목에만
집중해서 투자하면 안 된다

＊

최근 코스피가 역사적 기록을 갈아치우면서 6,000선도 뚫었다. 하지만 이런 시기에도 마이너스 수익률을 기록한 투자자가 있다. 대표적으로 네이버와 카카오를 2021년에 고점에서 매수한 투자자다.

앞서 언급했듯이 의미 있는 금액의 원금을 투자할 수 없다면 장기적인 관점에서 투자하며 시간의 힘을 활용해야 한다. 다만 이때 주의할 점은 특정 종목에만 투자할 경우 위험을 피하기 어렵다는 것이다. 실제로 네이버와 카카오에 집중 투자한 투자자들 중에는 코스피가 역사적 고점을 경신하는 상황에서도 투자 수익률이 마이너스를 기록한 경우가 적지 않다. 그렇다면 왜 특정 종목에만 집중해 투자하면 위험할까?

첫째, 투자 결과에 따라 '자기 과신'이 생길 수 있다. 특정 종목을 매수하다 보면 해당 종목에 대한 정보에 과도하게 노출되고, 이것이 오히려 자기 과신으로 이어질 수 있다. 이렇게 되면 산업의 업황에 따라 일희일비할 가능성이 커진다. 그에 비해 지수에 투자하면 자연스럽게 위험이 분산되고, 투자에 드는 시간과 에너지도 줄일 수 있다.

둘째, 아무리 우수한 종목이라도 특정 기업의 업황이 계속 좋을 수는 없다. 분명히 사이클이 존재하기 때문이다. 좋은 실적이 기대된다고 한 종목만 고집하는 경우가 있는데, 이러한 기대는 빠른 속도로 주가에 반영되기 마련이다.

셋째, 특정 종목에만 투자하는 경향은 자칫 자신의 위험 성향이나 남은 투자 기간을 무시한 채 과도한 투자 비중으로 이어질 수 있다. 또한 변동성이 낮은 안전 자산과의 전략적 자산 배분을 어렵게 만든다.

따라서 노후 자산은 특정 종목에 치우친 투자를 절대 피해야 한다.

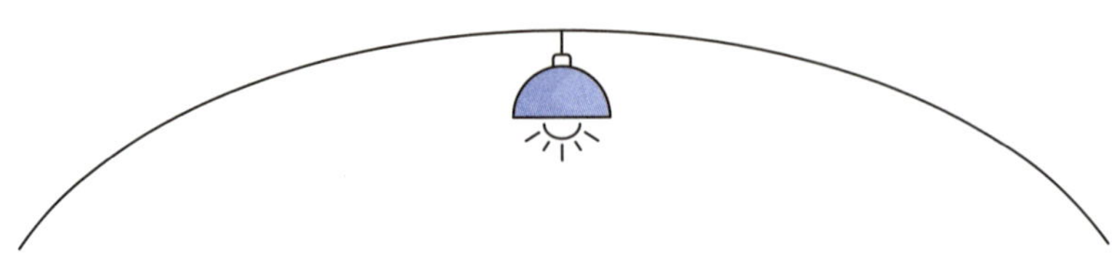

앞서 일정 수준 이상의 투자 원금이 아니라면, 혹은 빚투라면, 오히려 투자하지 않는 편이 나을 수 있다고 말했다. 하지만 결혼, 사업, 내 집 마련을 위한 비교적 단기 목적 자금이 아닌, 최소 10년 이상 20년 가까운 시간 동안 준비가 필요한 노후 자금이라면 상황은 달라진다. 단기적으로는 '투자하는 위험'과 '투자하지 않는 위험'이 공존하지만, 노후 자금처럼 장기적인 관점에서 본다면 '투자하지 않는 위험'이 훨씬 커지기 때문이다. 노후 자금과 노후생활비 마련을 위한 목적이라면 이제 투자는 선택이 아닌 필수가 된 시대다.

다만 '장기투자를 한다'는 사실만으로 충분한 것은 아니다. 같은 기간 투자하더라도 성과가 달라지는 이유는 결국 '언제 얼마나 싸게 샀는지', 즉 매수 단가에 달려 있기 때문이다.

나스닥의 큰 조정을 두려워하지 말자

＊

최근 각광 받고 있는 미국의 나스닥 지수는 높은 성장세로 국내 투자자들에게 많은 관심을 받는 지수다. 나스닥 지수는 나스닥 증권 거래소에 상장된 보통주 약 3,000개를 시가총액 가중 방식으로 산출하는 미국 대표 주가 지수로, 우리가 잘 알고 있는 기술주 중심으로 구성되어 엔비디아(NVIDIA), 애플(Apple), 마이크로소프트(Microsoft), 아마존(Amazon), 테슬라(Tesla) 등이 포함되어 있다.

나스닥 지수는 구성 종목에 고성장 기업 비중이 높아 급등락이 심하고 금리와 경기 상황에 민감하다. 나스닥 지수의 구성 종목들에 '성장주'가 많다고 하는데, 성장주란 기업가치(펀더멘털), 즉 주당순이익에 비해 주가가 기대감에 상당히 높게 형성되어 있고, 주가의 흐름도 크게 성장하는 성격의 주식을 의미한다. 하지만 반대로 금리나 경기와 같은 대외 변수의 영향을 크게 받아 하락할 때는 다른 지수에 비해 변동 폭이 큰 편이다.

나스닥 지수의 장단점

장점 : AI 산업 성장의 수혜로 높은 성장성이 기대된다.

단점 : 단기 투자 시 높은 변동성에 노출된다.

나스닥 지수 종목에는 AI 산업을 이끄는 주요 기업이 대거 포함되어 있다. 그래서 나스닥 지수는 'AI 산업 지수'라고 해도 과언이 아니다. 다만 종목 수가 3,000개가 넘고 기술주 안에서도 기업 간 성장 격차가 크게 벌어질 가능성이 있다. 이런 이유로 나스닥 지수보다는 나스닥 100 지수를 중심으로 투자하는 것이 좀 더 합리적인 선택이라 본다.

나스닥 지수는 앞서 언급한 대로 높은 변동성이 단점이다. 과거 사례를 보면 꾸준히 장기 상승했지만 2번에 걸쳐서 큰 조정을 겪었다.

첫 번째 조정의 원인은 '닷컴 버블(Dot-com bubble) 붕괴'다. 2000년 3월 10일에 5,048.62포인트로 사상 최고치를 기록했다가 2002년 10월 9일에 1,114포인트까지 1년 반 만에 78%가 하락

　　　　　　　　　　　　　딱 50부터 노후 준비합시다

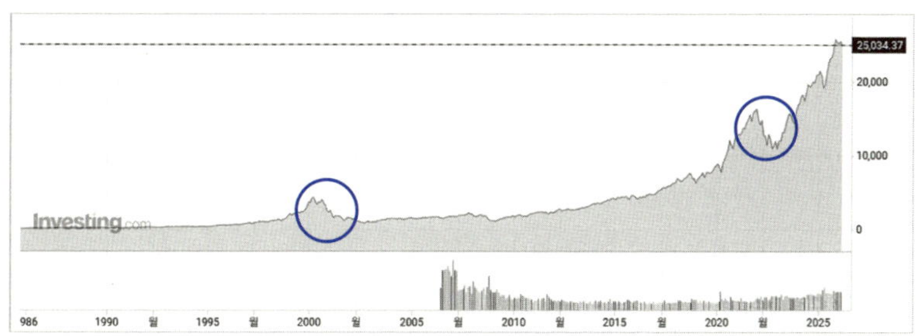

한 것이다. 지수가 78% 하락했다면 개별 종목 중 90% 가까이 주가가 하락한 것도 있다는 뜻이다.

두 번째 조정의 원인은 2022년 '퍼펙트 스톰'이라 불리는 복합적인 경제 위기였다. 러시아-우크라이나 전쟁으로 글로벌 공급망 붕괴와 에너지 위기, 그리고 급격한 금리 인상 등 각종 악재가 한꺼번에 겹쳐지며 큰 조정이 있었다. 이때는 2021년 연말 기준 나스닥 지수가 15,644.97에서 2022년 연말 기준 10,466.48까지 33%가 하락했다. 하락 폭은 첫 번째 조정 때보다 낮지만, 닷컴 버블 때보다 시가총액이 3배 이상 커진 상황에서 1년 만에 나타난 급락이라 충격은 그에 못지않았다.

대부분의 투자자는 이런 높은 변동성 때문에 나스닥 지수에 쉽게 투자하지 못하고 망설인다. 특히 최근에는 경기 침체 우려와 AI 거품론 등 고점 논란으로 3번째 큰 조정이 올 수 있다는 경고가 잇따르고 있다. 그럼에도 나스닥 지수의 높은 성장성에 투자해서 그 과실을 얻으려면, 결국 장기적인 관점에서 지속적으로 매수하는 방법 외에는 마땅한 대안이 없다. 물론 돈쭐남은 여러 지표를 기준으로 볼 때 현재 나스닥 지수는 밸류에이션(Valuation)이 높다고 생각한다. 따라서 언제든지 가격 조정이 있을 수 있다고 본다. 다만 과거와 달리 시장에 조정이 오더라도 그 폭과 기간은 짧을 가능성이 높다고 생각한다.

여기서 한 가지를 분명히 할 필요가 있다. 나스닥 지수의 변동성은 '피해야 할 위험'이기도 하지만, 장기 투자자에게는 '저가 매수 기회'가 되기도 한다. 즉 변동성 자체가 문제가 아니라, 하락 구간에서 매수할 준비가 되어 있는지가 투자 성패를 결정한다. 그렇다면 악재는 곧 매수 기회다. 나스닥 지수에 또 한 번 조정을 불러올 수 있는 악재에는 어떤 것들이 있을까?

나스닥 지수에 조정을 불러올 수 있는 3대 악재

*

악재 ① 실업률 4.5% 돌파

2026년 11월에 트럼프 2기의 중간 선거가 예정되어 있다. 이러

딱 50부터 노후 준비합시다

한 정치 일정 때문에 트럼프 행정부는 시장에 높은 유동성을 공급하기 위해 노력할 가능성이 크다. 하지만 2026년 5월 임기가 끝나는 연방준비제도 이사회(이하 연준) 의장인 제롬 파월(Jerome Powell)은 생각보다 금리 인하에 우호적인 입장이 아니다. 따라서 트럼프 대통령은 고용 시장을 의도적으로 냉각시켜 금리 인하를 유도할 수 있는 환경을 만들고 있다.

미국의 경제를 설명할 때 실업률을 빼놓을 수가 없다. 미국의 노동 시장은 기본적으로 매우 유연한 구조를 갖고 있다. 유연하다고 표현하지만, 쉽게 말해 비정규직이 다수인 시장이고 기업의 경기 상황에 따라 언제든지 근로자의 고용과 해고가 자유롭다는 의미다. 즉 실업률이 올라간다는 것은 미국 경제에 경기 침체의 신호가 나타난다는 의미다. 과거 사례를 보면 실업률이 4%대 후반 수준에 이르면 시장에서는 경기 침체 가능성을 높게 인식하는 경우가 많다.

다음 페이지에 있는 그래프에서 회색 부분은 미국에 경기 침체가 나타났던 때를 표시하고 있다. 대개 경기 침체는 실업률이 낮아지다가 바닥을 찍고 상승하는 시점에 발생한다. 최근에도 2023년 4월 3.4%까지 낮아지다가 상승하는 국면을 보여주는데, 2025년 10월 연방 정부 셧다운 사태까지 감안하면 앞으로 좀 더 올라갈 가능성이 있다.

✦ 미국 실업률

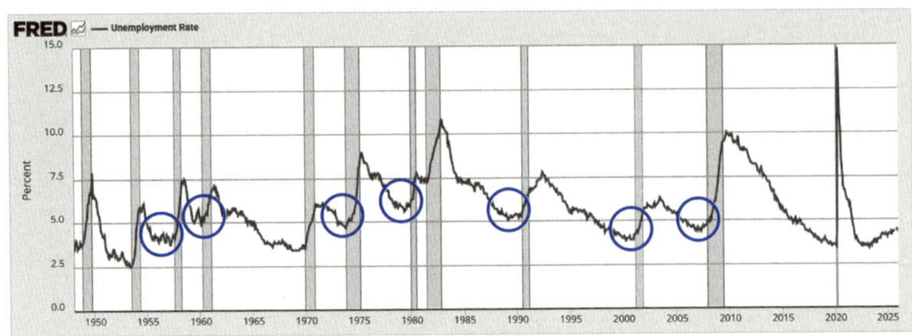

출처: FRED

그래프를 자세히 살펴보면, 경기 침체가 나타나는 시점에는 공통점이 있다. 바로 실업률이 '증가'라기보다 거의 '폭발'한다는 표현이 맞을 정도로 수직 상승한다는 점이다. 실업률이 폭발해서 경기 침체가 왔다기보다는 경기 침체 우려로 일정 시점에 기업들이 근로자들을 대량 해고하기 때문이라고 보는 것이 더 맞다. 미국의 유연한 노동 시장에서 볼 수 있는 특이한 현상이다.

그렇다면 이런 상황이 2026년 이후 발생하지 말라는 법은 없다. 얼마든지 2002년, 2022년과 같이 나스닥 지수가 조정받을 수 있다. 단 조정 폭은 과거보다 아주 작을 가능성이 높다. 과거와 지금은 여러 면에서 상황이 다르다. 무엇보다 나스닥 지수의 시가총액 규모가 과거와 비교할 수 없을 만큼 커졌다. 또한 앞서 언급한 2번의 큰 조정은 모두 금리를 올리는 '금리 인상기'에 발생했다는 점에서도 차이가 있다.

현재 연준은 속도는 느리지만 금리 인하를 하고 있고, 실업률이 일정 수준 이상 상승한다면 경기 침체 우려를 잠재우기 위해 좀 더 빠른 금리 인하를 단행할 가능성이 높다. 2026년 2월 27일 기준 미국의 기준 금리는 3.7%로 상단 금리이기 때문에 충분히 금리를 내릴 여력이 있다. 반면에 한국의 기준 금리는 2.5%로 더 이상 금리를 내릴 여력이 없다.

만일 연준이 빠른 속도로 금리를 인하한다면 나스닥 지수의 회복은 생각보다 빨라질 가능성이 높다. 그렇다면 10~20년 동안 꾸준히 나스닥 지수에 투자하며 노후를 준비하는 사람들에게 경기 침체 우려로 나스닥 지수가 조정을 받는 시기는 아주 좋은 저가 매수의 기회가 될 수 있다. 즉 장기 투자자에게 조정은 '피해야 할 사건'이 아니라 오히려 '수익률을 끌어올리는 기회'가 될 수 있다.

악재 ② 물가 상승률 4%대 돌파

2025년 미국은 그동안의 FTA(자유무역협정, Free Trade Agreement)를 무력화하면서 '상호 관세'라고 하는 새로운 무역 질서를 선언했다. 미국의 만성적인 무역 적자를 해소한다는 기치 아래 실시한 상호 관세 정책은 사실상 고관세 정책에 해당한다. 이러한 정책으로 미국 소비자들의 입장에서 보면 그전보다 훨씬 더 비싼 가격에 물건을 사게 되는 결과를 가져왔다.

상호 관세 정책이 본격적으로 시행되면 각종 수입 물품에 관세가 부과된다. 이렇게 되면 수입 업자의 마진은 줄고, 줄어든 마진을 만회하기 위해 소비자 가격을 높이면서 물가 상승 압박이 커질 수 있다. 또한 줄어든 마진을 이유로 기업이 고용을 줄일 가능성도 있다. 소비자 역시 높아진 물가 때문에 그전보다 소비를 줄일 가능성이 있다.

따라서 물가는 2026년 이후 서서히 고개를 들 가능성이 있다. 상승 속도가 완만하다면 큰 문제가 되지 않겠지만 물가 상승률이 4%대를 돌파하고 빠르게 상승한다면 인플레이션 우려는 물론이고 경기 침체의 우려가 시장에 등장하게 될 것이다. 이 경우에도 나스닥 지수는 조정받을 수 있다. 실업율이 4.5%를 돌파하는 악재와 달리 금리 인하가 불가능하기 때문에 조정 폭과 기간은 더 늘어날 가능성이 있다. 하지만 이러한 경우에도 1년 이내에 시장이 회복될 가능성이 높다.

그렇다면 이 경우 역시 10~20년 꾸준히 나스닥 지수에 투자하며 노후를 준비하는 사람들에게 좋은 저가 매수 기회가 될 수 있다. 결국 시나리오가 무엇이든 결론은 같다. 조정이 오면 '끝'이 아니라 조정이 오면 '매수 단가를 낮출 기회'가 열리는 것이다.

    딱 50부터 노후 준비합시다

악재 ③ 실업률과 물가의 동시 상승

보통 경기와 물가는 반대로 움직이는 관계로 설명된다. 필립스 곡선 이론에 따르면 경기가 호황일 때는 물가 상승 압력이 커지고, 경기가 침체되면 물가 상승률이 낮아지는 경향이 있다. 하지만 1970년대 석유 파동(Oil shock) 당시에는 경기 침체 속에서도 물가가 상승하는 '스태그플레이션(Stagflation)'이 나타났다.

만약 미국의 고용 지표가 악화되는 동시에 물가 상승 압력이 여전히 높게 유지된다면 시장의 불확실성이 커질 수 있다. 이런 상황에서는 역사적 고점에 가까운 미국 주식 시장에도 큰 조정이 나타날 가능성이 있다. 그러나 장기 투자자의 입장에서는 이런 조정이 오히려 매수 단가를 낮출 기회가 될 수 있다. 저가 매수의 기회를 잘 활용한다면 투자라는 마라톤에서 장기 수익률을 높일 수 있을 것이다.

S&P 500 지수 역시 장기 투자와 저가 매수가 투자 수익률을 결정한다

✳

미국 주식 장기 투자에서 나스닥 지수와 함께 자주 거론되는 대표적인 지수가 또 하나 있다. 바로 S&P 500 지수다.

S&P 500 지수는 안정성과 성장성을 동시에 갖춘 대표적인 미국 주가 지수다. S&P 500 지수는 미국 증권 거래소에 상장된 시가총액 상위 500개 기업의 보통주를 시가총액 가중 방식으로 산출하는 미국의 대표적인 주가 지수다. 특정 산업에 치우치지 않고 IT, 헬스케어, 금융, 소비재, 에너지 등 미국 경제 전반을 고르게 반영한다는 점이 특징이다.

S&P 500 지수 종목은 미국 대형주 중심으로 구성되어 있어 개별 종목 리스크가 상대적으로 분산되어 있고, 미국 경제 성장의 흐름을 장기적으로 따라가는 지수로 평가받는다. 성장주와 가치주가 함께 포함되어 있어 특정 산업 급등락에 따른 충격이 나스닥 지수보다 완화되는 편이다.

다만 시가총액 상위 기업의 비중이 높아 최근에는 빅테크 기업의 영향력이 커지고 있으며, 미국 경기와 금리 정책, 글로벌 유동성 환경에 따라 지수의 방향성이 크게 좌우된다.

S&P 500 지수의 장단점

장점: 미국 경제 전반에 분산 투자 가능하며 장기적으로 안정적 성장 추세를 보인다.

단점: 단기적으로는 금리·경기 둔화 시 하락 가능성이 있다.

그럼에도 S&P 500 지수는 특정 산업에 집중된 나스닥 지수와 달리 산업 분산 효과가 크다는 점이 강점이다. 따라서 장기 투자 관점에서는 S&P 500 지수를 활용한 적립식 투자 전략이 안정적인 선택으로 평가받는다. 하지만 '안정적'이라는 말이 '언제 사도 괜찮다'는 뜻은 아니다. S&P 500 지수 투자에서도 수익률을 갈라놓는 결정적 요인은 결국 저가 매수의 비중이다.

그렇다면 매월 50만 원씩 3년 동안 S&P 500 지수에 투자한 경우 투자 시점에 따라 수익률이 얼마나 차이가 나는지 살펴보자.

2023년 1월 말부터 3년 동안 투자 시

우선 2023년 1월 말부터 3년 동안 매월 50만 원을 투자한 경우 수익률은 34%로, 월 50만 원을 각종 공제회 복리 저축 3.5%에 저축

✦ 2023년 1월 말부터 3년 동안 S&P 500 지수에 적립식 투자 결과

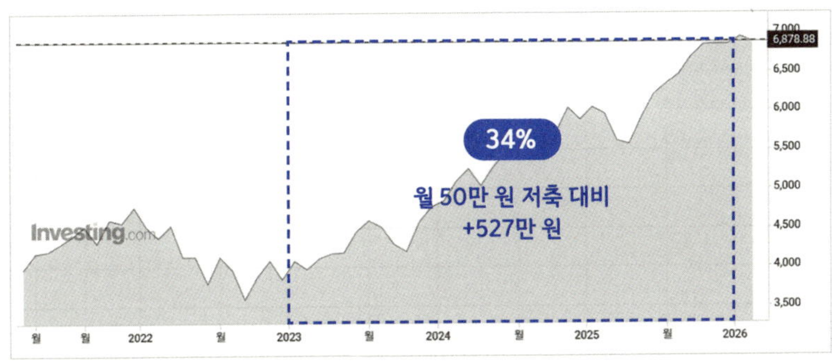

출처: 인베스팅닷컴

을 한 경우에 비해 527만 원의 초과 수익이 가능했다. 2023년 1월 말 S&P 500 지수는 4,076으로 지난 5년간의 주가 흐름 중 비교적 낮은 시기였다. 그런데 2023년은 2022년 금리 인상으로 인한 주가 하락이 멈추고 본격적인 상승이 시작된 해였기 때문에 적립식임에도 불구하고 수익률이 34%로 높았다.

2022년 1월 말부터 3년 동안 투자 시

그럼 주가 하락이 시작되던 2022년 1월 말에 투자를 시작해서 3년 동안 매월 50만 원을 투자한 경우 적립식 수익률은 얼마나 될까?

2022년 1월 말부터 3년 동안 매월 50만 원을 투자한 경우 적립식 수익률은 33%로, 월 50만 원을 각종 공제회 복리 저축

◆ 2022년 1월 말부터 3년 동안 S&P 500 지수에 적립식 투자 결과

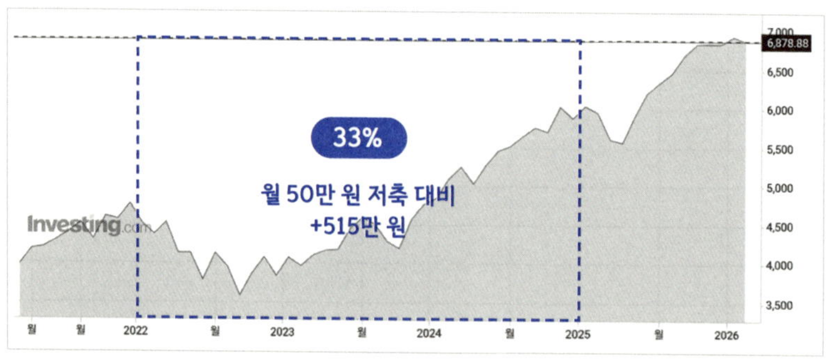

출처: 인베스팅닷컴

  딱 50부터 노후 준비합시다

3.5%에 저축을 한 경우에 비해 515만 원의 초과 수익이 가능했다. 2022년은 주가가 하락한 시기임에도 수익률이 33%라는 높은 결과가 나온 것이다(주가 상승이 본격적으로 시작한 2023년 1월 말부터 3년 동안 투자했을 때의 수익률과 큰 차이가 없다). 하지만 2023년부터 주가가 본격적으로 상승했기 때문에 결론적으로는 더 가파른 상승세의 수혜를 받지는 못한 셈이다.

2021년 1월 말부터 3년 동안 투자 시

그럼 그보다 더 빠른 2021년 1월 말부터 3년 동안 매월 50만 원씩 투자한 경우 적립식 수익률은 얼마나 될까?

2021년 1월 말부터 3년 동안 매월 50만 원을 투자한 경우 적립식 수익률은 15%로 월 50만 원을 각종 공제회 복리 저축 3.5%

◆ 2021년 1월 말부터 3년 동안 S&P 500 지수에 적립식 투자 결과

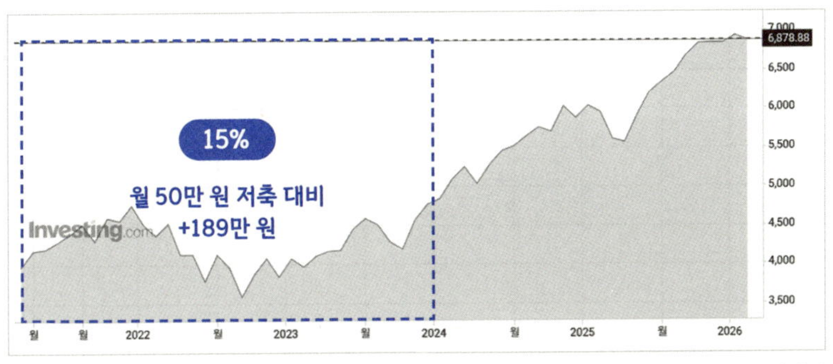

출처: 인베스팅닷컴

에 저축을 한 경우에 비해 189만 원의 초과 수익이 가능했다. 놀랍게도 2022년 1월, 2023년 1월부터 3년 동안 투자해서 거둔 수익률의 반도 안 되는 결과다. 투자에서 원금과 시간도 중요하지만 '언제 투자를 시작했는지' 그리고 '언제 수익을 실현했는지'가 중요한데, 앞의 두 사례와 비교해서 이 사례는 주가가 충분히 상승하기도 전에 수익을 실현한 것이 적은 수익률의 원인이다.

S&P 500 지수 투자를 예시로 들었지만 나스닥 지수 투자를 포함해 노후생활비를 위한 장기 투자에서는 저가 매수가 중요하다. 주가가 너무 가파르게 오를 때보다 하락할 때 더 공격적으로 원금을 늘리는 저가 매수 방법이 매우 중요하다. 또 저렴할 때 매수한 주식을 충분히 상승한 고점에서 수익을 실현해야 하므로 너무 일찍 매도하면 안 된다. 저가 매수 방법은 단기간의 자금을 운용하는 것보다 노후 자금을 운용하는 데 적합한 투자 방법이다.

그렇지만 말이 쉽지 저가 매수를 실행하기란 절대 쉽지 않다. 가격이 내릴 때, 즉 나의 투자 원금이 '녹고 있는데' 공포에 휩싸이기는커녕 용기 내서 저가 매수를 할 수 있는 사람이 몇이나 될까?

하지만 S&P 500 지수의 투자 수익률 차이 사례에서 살펴봤듯이 같은 시간 동안 투자 시장에 머물러 있었다고 해도 저가 시점에 더 많이 매수한 주식 투자 수익률의 차이는 유의미하다. 3년 정도의 비교적 단기간의 수익을 비교해 봐도 그런데, 노후 준비를 위한 10년 이상의 장기 투자에서는 그 차이는 엄청나지 않을까? 노후 준비를 위한 투자에서 장기 투자는 '필수 조건'이고, 저가 매수는 '수익률을 바꾸는 핵심 변수'임을 반드시 기억하기를 바란다.

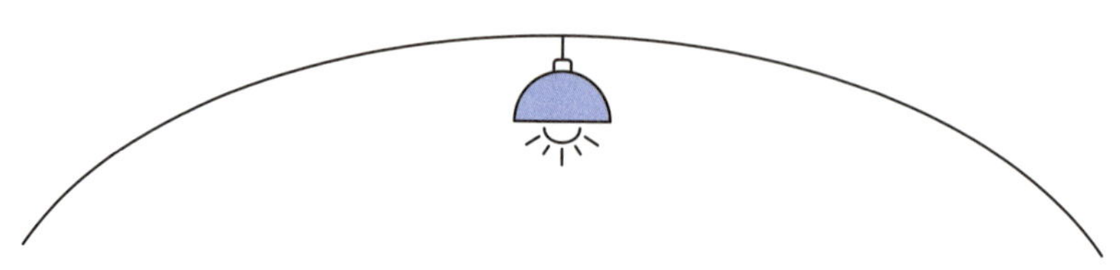

1차 은퇴 전까지 투자로 3억 원을 만들어라

투자는 선택이 아닌 생존 전략이다

*

노후 준비를 할 때 '장기 투자'가 중요한 이유는 현대 사회에서 경제 활동기의 근로소득만으로 경제적 안정을 보장받던 시대는 끝이 났기 때문이다. 지난 20년의 데이터를 분석해 보면, 물가 상승률은 임금 상승률보다 높았다. 20년 전 한 그릇에 5,000원이던 설렁탕과 순댓국 가격은 이제 1만 원 이상으로 그 값이 2배 이상 뛰었다. 그렇다면 그 사이 임금은 2배 이상 뛰었을까? 이러한 현실은 화폐가치의 하락을 단적으로 보여준다. 열심히 일하는 것만으로는 자산을 지킬 수 없는 구조가 이미 고착화되었다는 뜻이다.

2001년 7월을 100으로 두고 2025년 7월까지 통화량을 비교하면, 원화는 6.12배, 달러는 4.41배 증가했다. 이를 단순 비교하면 원화의 통화량 증가 속도가 달러보다 약 38.7% 더 빨랐다는 의미다(다만 통화량 증가율 차이가 곧바로 환율 상승이나 통화가치 하

◆ 한국 통화량, 미국 통화량, 원달러 환율의 변화

락으로 직결되는 것은 아니며, 환율은 금리·성장률·자본 흐름 등 복합적인 요인의 영향을 받는다).

즉 우리는 열심히 일해도 실질 구매력 기준으로는 매년 가난해지고 있음을 시사한다. 더불어 기술 혁신과 산업 구조 변화로 전통적인 숙련 노동의 가치가 상대적으로 낮아지고 있으며, 기업 역시 비용 효율성을 위해 고용을 유연하게 운영하는 경향이 강해지고 있다. 이러한 변화는 장인의 고용 안정성을 점차 낮추는 요인으로 작용하고 있다. 따라서 '투자'는 선택이 아닌 생존을 위한 필수 전략이며 노후 준비에 있어서 중요한 하나의 전략이다. 투자는 부자가 되기 위한 선택이 아니라, 가난해지지 않기위한 방어 전략에 가깝다.

무엇에 투자해야 하는가?

＊

최근 코스피가 6,000선을 돌파하면서 '코리아 디스카운트(Korea discount)' 문제가 어느 정도 해소되는 것처럼 보이지만, 국내 주식 시장은 여전히 수출 의존도가 높아 글로벌 경기와 대외 변수에 민감하고, 지정학적 리스크와 정책·정치 환경 변화에 따른 변동성도 상존한다. 결국 단기적 국면에서는 반등과 기회가 반복

될 수 있지만, 노후 자산처럼 수십 년을 투자하기에는 불확실성이 상대적으로 크다는 점은 투자 판단 시 여전히 고려해야 할 요소다.

반면 기축 통화국인 미국의 S&P 500 지수는 닷컴 버블, 금융 위기, 팬데믹 등 숱한 위기 속에서도 전 고점을 돌파하며 장기 우상향해 왔다. 미국 중시에 상장한 글로벌 기업 500개에 분산 투자하는 것은 역사적으로 검증된 투자 방식인 셈이다. 따라서 은퇴까지 10년 이상 남은 사람이 노후 준비를 위한 장기 투자를 고려한다면 S&P 500 지수를 추종하는 ETF에 투자하는 방법을 유력한 선택지로 검토할 수 있다. 세계 최상위 기업 시스템에 자본을 맡기는 전략이기 때문이다.

어떻게 투자해야 하는가?

＊

S&P 500 지수를 추종하는 ETF 투자를 결정했다면 다음으로 고려해야 할 가장 중요한 요소는 '어떤 그릇에 투자금을 담을 것인가' 하는 문제다.

많은 초보 투자자가 편의성만을 좇아 일반 위탁 계좌에서 국내 상장 해외 ETF를 장기 매수하는 치명적인 오류를 범한다.

표면적으로 배당소득세 15.4%는 해외 직접 투자의 양도소득세 22%보다 유리해 보인다. 그러나 이는 '금융소득 종합과세'라는 거대한 리스크를 간과한 판단이다.

금융소득 종합과세는 엄청난 부자들에게만 문제가 된다고 생각할지 모르지만, 노후 자금을 위해 장기 투자를 결정한 모든 투자자에게 문제가 될 수 있다. 연간 이자 및 배당소득이 2,000만 원을 초과할 경우, 해당 소득은 근로소득과 합산되어 누진세율(최대 49.5%)을 적용받는다. 더욱 심각한 문제는 건강보험료다. 직장 가입자는 금융소득이 2,000만 원을 넘어서는 순간 보수 외 소득으로 건강보험료 산정 기준에 반영되어 매달 납입해야 하는 고정비가 급격히 상승한다. 이는 노후에 현금 흐름을 악화시키는 '숨겨진 세금'과 다름없다.

또한 일반 계좌는 손익 통산을 지원하지 않는다. A 종목에서 수익이 나고 B 종목에서 손실이 발생해 최종 수익이 '0원'이라 하더라도, 국세청은 수익이 발생한 A 종목에 대해 세금을 부과한다. 따라서 장기 투자를 목적으로 한다면 일반 계좌보다는 ISA에서 국내 상장 해외 ETF를 매수해야 한다. 이는 선택이 아닌 필수다.

연금저축과 IRP도 또 다른 대안이다. 투자의 목적이 만 55세 이후의 노후 자금 마련이라면, 정부가 제공하는 강력한 세제 혜

　　　　　　　딱 50부터 노후 준비합시다

택 계좌인 연금저축과 IRP를 적극 활용해야 한다. 이 계좌들의 본질은 세금 납부를 뒤로 미뤄 복리 효과를 극대화하는 시간 전략이다.

이들의 핵심 경쟁력은 3가지로 요약할 수 있다.

절세 혜택 계좌의 경쟁력

1. 과세 이연: 운용 기간에 발생하는 매매 차익과 배당금에 대해 즉시 세금을 징수하지 않는다. 그 결과 세금으로 유출될 자금이 재투자되어 복리 효과를 극대화한다.

2. 저율 과세: 55세 이후 연금으로 수령 시, 나이에 따라 3.3%~5.5%의 낮은 세율이 적용된다. 이는 해외 직접 투자 세율(22%)이나 일반 과세율(15.4%)과는 비교할 수 없는 이점이다.

3. 세액 공제: 연간 납입 한도(900만 원) 내에서 연 소득이 5,500만 원 이하면 16.5%를, 5,500만 원 이상이면 13.2%의 세액 공제를 제공해 확정 수익률을 보장한다.

단 중도 해지 시 그동안 받은 세금 혜택을 모두 반환해야 하므로, 이 계좌는 잉여 자금으로 운용하는 것이 바람직하다. 결혼 자금이나 주택 마련 자금 등 55세 이전에 목돈이 필요한 중·단기 투자자는 투자 전 ISA와 해외 직접 투자 간의 비교 분석을 해야 한다.

사실 대다수의 투자자에게는 ISA가 압도적으로 유리하다. 3년간의 의무 가입 기간을 준수할 경우 일반형은 순수익 200만 원, 서민형은 순수익 400만 원까지 비과세 혜택이 주어지며, 초과 수익에 대해서도 9.9%의 낮은 세율로 분리 과세된다. 이는 건강보험료 인상이나 금융소득 종합과세 문제를 원천 차단하는 방패 역할을 한다. ISA는 세금을 줄이는 기능을 넘어, 노후 현금 흐름을 방어하는 장치다.

3년간 총 수익이 3,000만 원이라고 가정하면, 매년 250만 원 기본 공제를 적용한 해외 직접 투자 대비 일반형 ISA의 최종 수령액이 약 217만 원 더 높다(서민형은 약 238만 원 더 높다). 이는 해외 직접 투자의 양도세율 22%와 ISA 초과분 세율 9.9%의 차이에서 발생한다. 수익 규모가 커질수록 두 세율 간 격차에 따라 절세 효과는 더욱 확대된다.

다만 해외 직접 투자가 더 유리한 예외적인 경우도 있다. 첫째, 연간 2,000만 원(총 1억 원)의 ISA 납입 한도를 초과해 운용해야 하는 고액 자산가(이른바 '슈퍼 개미')의 경우다. 둘째, 최소 의무 가입 기간인 3년을 채우지 못하고 1~2년 내에 자금을 회수해야 하는 경우다. 셋째, 달러 현금을 직접 보유하거나 외화 예수금 형태로 운용하려는 경우에는 해외 직접 투자가 적합하다(ISA

는 원화 기반 계좌다).

해외 직접 투자를 한다면, SPY나 IVV 대신 운용 보수가 더 낮은 SPLG를 고려할 수 있다. SPY, IVV, SPLG 모두 S&P 500 지수를 추종하지만, SPLG는 세 ETF 중에서 운용 보수가 가장 낮다. 최근에는 소수점 매매가 가능해 주당 가격 차이는 과거만큼 결정적인 요소가 아니지만, 비용 측면에서는 SPLG가 가장 효율적인 선택이다.

나스닥 지수 투자를 원한다면 나스닥 100 지수를 추종하는 ETF를 선택하면 된다. QQQ와 QQQM이 있으며, QQQ 대신 운용 보수가 더 낮은 QQQM이 장기 투자자에게 더 합리적인 선택이 될 수 있다. 다만 거래량과 옵션 유동성은 QQQ가 더 풍부하다.

해외 간접 투자를 한다면 연금저축이나 ISA에 국내 상장 해외 ETF인 TIGER 미국S&P500이나 KODEX 미국S&P500 등을 매수하면 된다. 이 때 확인해야 할 지표는 총보수와 추적 오차율이다. 단순 명시된 수수료가 아닌 기타 비용을 포함한 실질 비용을 확인해야 하며, 지수를 얼마나 정확히 추종하는지를 나타내는 추적 오차율이 낮은 운용사를 선택해야 한다. 특히 상품명 뒤에 'TR(Total Return)'이 붙은 상품은 배당금을 자동으로 재투자해주므로, 배당소득세 이연 효과와 복리 효과를 극대화할 수 있어 현금 흐름이 당장 필요하지 않은 투자자에게 가장 유리하다.

안정된 노후를 위한
2가지 자산 관리 전략

＊

어떤 투자 전략이든 궁극적으로 추구하는 바는 '안정된 노후 준비'다. 이를 위해서 돈쭐남은 1차 목표로 은퇴 전까지 '3억 원 만들기'를 제안한다. 3억 원은 단순한 숫자가 아니라, 자산 증식이 본격적으로 시작되는 하나의 임계점이다.

S&P 500 지수 투자의 장기 평균 총 수익률을 연 10%로 가정할 때, 3억 원을 거치한 채 10년간 인출하지 않고 유지하면 복리 효과로 자산은 약 7억 7,800만 원으로 증식된다. 여기서 핵심은 1차 은퇴 후 인출을 미루는 10년 동안 자산 규모를 크게 키운다는 점이다. 이후 70세부터 이 자산을 연 3% 수준으로 운용하면서 매월 350만 원을 생활비로 인출하고, 매년 2%의 물가 상승률에 맞춰 인출액을 늘린다고 가정하더라도 대략 90세 전후까지 사용할 수 있는 규모가 된다.

여기서 중요한 점은 이 전략이 국민연금이나 다른 자산을 건드리지 않고도 가능하다는 사실이다. 결국 핵심은 2가지다. 첫

   딱 50부터 노후 준비합시다

째, 은퇴 전까지 노후 자금 3억 원을 마련하는 것이다. 둘째, 은퇴 이후 10년 동안 반퇴소득을 통해 이 자금을 인출하지 않고 그대로 유지하는 것이다. 이 2가지 조건이 충족되면 복리 효과가 작동하면서 노후 자산은 자연스럽게 안정적인 규모로 성장하게 된다.

① 은퇴 전까지 3억 원 만들기
② 은퇴 후 10년간 반퇴소득으로 노후 자금 키우기

이는 돈 '모으는' 시간과 '불리는' 시간을 의도적으로 분리하는 전략이다. 돈쭐남이 처음 돈을 모으는 사람들에게 자산 증식의 속도가 눈에 띄게 빨라지는 임계점인 1억 원을 늘 강조하는데, 이것은 노후 자금에서도 여지없이 들어맞는다. 일단 3억 원을 모으면 그 이후부터는 노후 자금이 소진되는 속도가 눈이 띄게 느려진다. 즉 소득이 줄어도 자산이 불어나는 속도가 빨라져 노후 자금 가용 기간이 길어진다.

물론 3억 원을 모으기까지 그 과정은 지루하고 고통스러울 수 있다. 시장은 언제든 폭락할 수 있고, 세계가 망할 것 같은 공포심을 불러일으키는 뉴스도 끊이지 않을 것이다. 그러나 시장의 공포는 언제나 일시적이었고, 폭락한 시장은 어김없이 회복했다.

투자 성공은 결국 누가 인내하는가의 싸움이다. 순간적인 판단력이나 정보가 주는 선점 효과는 결국 버티는 힘을 이기지 못한다. 특히 노후 자산 관리에서는 더더욱 그렇다. 복잡한 셈법은 장기 투자라는 시스템에 맡기고, 투자자는 본업과 삶에 집중하며 꾸준히 자산을 축적해 나가는 것, 이것이 가장 확실하고 완벽한 투자 전략이다. 결국 반퇴 라이프의 본질은 노동을 줄이는 삶이 아니라, 자산이 대신 일하게 만드는 삶이다.

덕업일치로 새롭게 시작하는 인생 2막

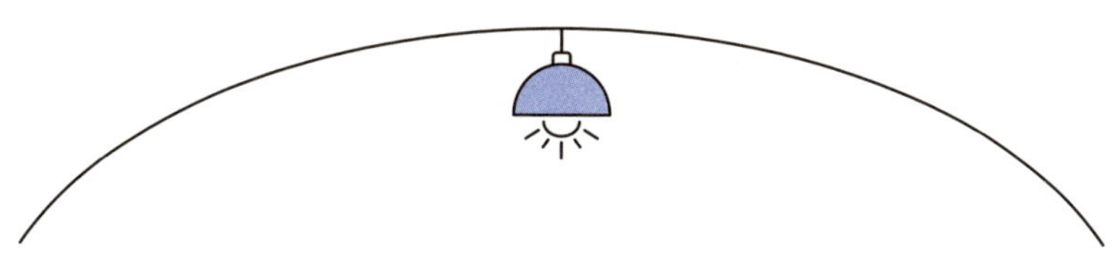

'직'을 '업'으로 바꾸는 일상의 힘

'직'의 가치

*

성인이 되어 처음으로 가족의 생계를 책임지는 돈벌이를 시작할 때, 그것이 곧 자신의 '직'이 되는 경우가 많다. 자영업이든 직장 생활이든, 집에서 불리는 '누구 아빠'나 '누구 엄마'가 아니라 일터에서 '사장' '점주' '대리' '과장' 같은 직함으로 불릴 때 우리는 사회적 '직'을 갖게 된다.

모든 사람이 자신이 꿈꾸거나 좋아하는 일, 소위 적성에 맞는 일을 직으로 삼고 있다면 얼마나 좋을까? 하지만 현실은 그렇지 않은 경우가 더 많다. 그 이유를 굳이 찾자면, 대부분 당장의 생계를 위한 경제적 문제 때문이다. 돈을 포기하고 꿈을 좇기에는 우리의 삶이 그리 녹록지 않다. 그래서 우리는 우선 경제적 기반을 마련할 수 있는 일자리를 구하게 된다.

사람들은 좋은 직을 갖게 되면 성공한 것으로 인정한다. 하지만 이제는 시대가 바뀌었다. 직도 중요하지만 인생의 완성은 '업'에서 나온다. 어쩌면 직은 업을 준비하는 밑거름이 될 수 있다. 우리가 성숙해지고 좀 더 여유를 갖춰 삶을 다시 바라볼 수 있을 때까지 우리를 지탱해 주는 경제적 기반이 될 수 있기 때문이다. 직의 소중함은 직을 벗어나 본 사람이라면 느낄 수 있지만, 그렇지 않은 경우라면 절대 알지 못한다.

돈쭐남은 직을 그만두고 나온 뒤 오랫동안 고생했던 경험이 있다. 그래서 회사에서 스트레스 받은 후배들이 "나도 선배님처럼 회사 그만두고 내 일을 찾아볼까요?"라고 농담처럼 이야기해도 난 뜯어말리는 편이었다.

"쓸데없는 소리 하지 말고 딱 붙어 있어라."

냉정해 보이지만 경험한 사람만이 줄 수 있는 현실적인 조언이다.

1990년대 초반만 해도 분위기는 달랐다. 월급쟁이보다 장사를 하는 사람이 더 많은 현금을 쥐던 시절이었다. 직장인에게는 "너는 돈 내지 마. 월급쟁이가 무슨 돈이 있냐"라는 말을 농담으로 던졌다. 그만큼 직장인의 소득은 상대적으로 박했다. 그러나 지금은 상황이 달라졌다. 안정적인 직의 가치가 더 커졌다.

그렇다면 어떤 선택을 해야 할까? 직을 그만두고 곧바로 업을 찾는 것이 아니라, 직을 기반으로 업을 준비하는 것이다. 재테크만으로는 안정된 노후를 보장받기 어려운 시대에, 1차 은퇴 이후 직에서 업으로 이어질 수 있는 또 하나의 소득 구조를 만들어야 한다. 그것이 불안정한 시대를 살아가기 위한 가장 현실적인 방법이다.

직장인들이 불행한 이유

*

혹시 여러분은 다음과 같은 감정을 경험한 적이 있는가?

① 일요일 저녁만 되면 가슴이 답답하다.

② 나이 먹는 것이 두렵다.

③ 미래에도 딱히 지금보다 달라질 것 같지 않아 두렵다.

이러한 감정은 현재의 일상이 충분히 만족스럽지 않을 때 자주 나타난다. 그리고 대개 3가지 모습으로 표출된다.

① 최근 스스로 걱정될 정도로 과소비를 자주 한다.
② 이유 없이 우울하다.
③ 점점 살이 쪄서 고도 비만이 걱정된다.

과소비는 감정과 매우 밀접한 관련이 있다는 연구가 많다. 대표적으로 2004년 하버드대학교(Harvard University) 제니퍼 러너(Jennifer Lerner) 교수의 심리 실험이 있다. 이 실험에서 한쪽 관객에게 슬픈 영화를, 다른 쪽 관객에게는 즐거운 영화를 보여준 뒤 동일한 텀블러를 최대 얼마까지 지불할 의사가 있는지를 확인했다. 놀랍게도 슬픈 영화를 본 관객이 즐거운 영화를 본 관객보다 최대 지불 의사 금액이 4~5배 더 높았다. 슬픈 감정 후에는 사람은 상실감이 커지고 상실감을 채우기 위해 소비 욕구가 증가하는데, 이 실험이 우울감과 과소비는 매우 밀접한 관련이 있다는 것을 보여준다.

우울은 비만에도 영향을 미친다. 2010년 네덜란드 라이덴대학교(Leiden University) 의대 연구진의 메타분석에 따르면, 우울을 경험한 사람은 비만이 될 위험이 50% 이상 높았다. 감정의 문제

　　　　　　　　　　　딱 50부터 노후 준비합시다

가 생활 습관과 신체 건강으로 이어질 수 있다는 사실을 보여주는 연구다.

결국 과소비와 우울, 체중 증가의 공통 뿌리는 '일상의 행복 부족'에 있다. 직에서 모든 만족이 채워지지 않는데, 업으로 나아갈 통로마저 보이지 않는다면, 사람은 쉽게 무력감에 빠진다. 답답함은 감정으로, 감정은 행동으로 번진다.

물론 과소비는 절약으로, 우울은 상담으로, 비만은 다이어트로 대응할 수 있지만, 일상의 만족이 회복되지 않는 한 이런 노력은 쉽게 무너진다. 가장 먼저 회복해야 할 것은 '행복한 일상'이다. 그 위에서만 절제도, 건강도, 미래 준비도 지속될 수 있다.

업무를 주도하면 일상이 행복해진다

＊

일상의 행복은 과소비도 우울도 해결해 주고 비만도 예방해 주지만 궁극적으로 직에서 업으로의 전환을 도와준다. 그렇다면 일상의 행복을 만드는 비결은 무엇일까?

첫 번째 방법은 자신의 업무에 도움이 되는 학습을 시작하는 것이다. 업이란 직을 완전히 내팽개치고 얻는 것이 아니라 직의 성장과 발전에서 얻어지는 경우가 많다. 현재 내가 하고 있는 직에서 성장과 발전이 없다면 당연히 일하는 게 힘들고 따분할 수밖에는 없다. 여기서 말하는 성장이란 유능해지는 것을 의미한다. 만일 내가 매너리즘에 빠져 있다면 그 즉시 성장은 멈춘다. 그리고 성장이 멈추는 순간, 사람은 우울감을 느끼게 된다.

만일 스스로에게 "나의 업무 분야에서 작년보다 올해, 지난달보다 이번 달 무엇이 발전하고 유능해졌는가?"라고 질문했을 때 아무 대답이 떠오르지 않는다면 자신을 되돌아봐야 한다. 전임자가 물려준 엑셀 파일에 숫자만 바꾸거나, 기존 문서의 형식에 글자만 수정하는 일을 반복한다면 월급은 받을 수 있겠지만 성취감을 쌓기는 어렵다. 인간은 성장을 통해 동기를 얻고, 그 결과로 인정과 보상이 따라올 때 더욱 단단해진다.

두 번째 방법은 업무를 주도해 보는 것이다. 팀 안에 숨어 있기보다 내 업무 방향을 스스로 설계해 보는 태도가 필요하다. 전임자가 남긴 엑셀 파일을 그대로 쓰는 대신, 구조를 바꿔 효율을 높여보면 어떨까? 칭찬을 받을 수도 있고, 반대로 지적을 받을 수도 있다. 하지만 이런 도전이 작년보다 발전한 나, 지난달보다 성장한 이번 달의 나를 만드는 방법이다.

세 번째 방법은 창의적인 도전을 두려워하지 않는 것이다. 창의성은 거창한 아이디어가 아니라, 익숙한 방식에 질문을 던

  딱 50부터 노후 준비합시다

지는 태도에서 시작된다. 매달 반복되는 보고서를 조금 더 효율적으로 바꿔보는 등 늘 해오던 방식에 작은 변화를 시도하는 것만으로도 충분하다.

물론 모든 시도가 성공하는 것은 아니다. 그러나 중요한 것은 결과가 아니라, 문제를 새롭게 바라보려는 자세다. 이런 시도가 쌓일수록 일은 단순한 반복이 아니라 성장의 과정이 되고, 직은 업으로 확장될 수 있는 기반이 된다.

네 번째 방법은 인정받고자 하는 욕구를 긍정적으로 활용하는 것이다. 인정 욕구는 부끄러운 감정이 아니라 성장의 연료가 될 수 있다. 직에서 성장을 경험한 사람일수록 업으로의 전환도 훨씬 자연스럽다. 업은 직을 탈출하기 위한 도피처가 아니라, 직에서 축적된 역량이 한 단계 확장된 결과이기 때문이다.

지금 직을 갖고 있는 여러분이 해야 할 일은 경쟁에서 이기기 위한 준비가 아니라 업으로 '업그레이드'하기 위한 준비다. 이직, 훈련, 학습, 도전, 경험은 모두 그 과정의 일부다.

경제 활동을 시작한 뒤 직에서의 안정적 성장과 경험 축적은 언젠가 마주하게 될 업을 위한 추진체가 된다. 마치 누리호가 단계별 추진을 통해 궤도에 오르듯, 직에서의 성장이 결국 업이라는 궤도로 나아가게 하는 힘이 될 것이다.

덕업일치는 가장 강력한 노후 재테크다

일론 머스크가 이룬 도전과 혁신의 진정한 의미

*

세계적으로 가장 유명한 기업가 한 명을 꼽자면 단연 일론 머스크(Elon Musk)일 것이다. 그가 도전과 혁신의 아이콘으로 불리는 이유는 그의 행보가 마치 SF 영화에서나 나올 법한 일들로 가득차 있기 때문이며, 동시에 대중의 시선을 미래로 한 걸음 더 나아가게 만든 인물이기 때문이다.

그에게 많은 관심이 쏠리는 또 다른 이유는 그가 최근 몇 년 사이에 세계 최고 부자 자리에 올랐기 때문이다. 그의 순자산은 시장 상황에 따라 크게 변동하지만 최근에는 약 2,000억 ~3,000억 달러 수준으로 평가된다. 10여 년 전에도 이미 억만장자 명단에 이름을 올리고 있었지만, 지금처럼 세계 1~2위를 다투는 상징적 인물은 아니었다. 바로 이 점 때문에 많은 사람이 그의 극적인 상승 스토리에 주목하고 열광하는 것이다.

그렇다면 그는 과연 어떤 인물이며, 이러한 부의 성취 뒤에는 어떤 과정이 있었을까? 그의 삶을 통해 우리가 참고할 수 있는 노후 준비의 모델을 생각해 보자.

그는 1971년 남아프리카공화국에서 태어났다. 어린 시절부터 독서를 좋아했고, 특히 SF 소설에 깊이 빠져 있었다. 책을 읽기 시작하면 몇 시간이고 주변의 소리를 듣지 못할 정도로 집중했기 때문에, 부모가 청력에 문제가 있는 것은 아닌지 확인하기 위해 병원에 데려간 적이 있다는 일화도 전해진다.

그는 10대 후반에 어머니의 국적을 따라 캐나다로 이주했고, 이후 미국으로 건너갔다. 펜실베이니아대학교(Pennsylvania University)에서 경제학과 물리학을 전공했으며, 대학 시절부터 인터넷, 우주 개발, 대체 에너지, AI 등 인류의 미래를 바꿀 기술

분야에 관심을 뒀다. 1995년 스탠퍼드대학교(Stanford University) 박사 과정에 입학했지만, 이틀 만에 자퇴하고 창업의 길을 택했다. 그렇게 설립한 첫 회사가 바로 집투(Zip2)였다.

집투는 1999년 컴팩(Compaq)에 약 3억 달러에 인수되었고, 이 과정에서 머스크는 약 2,200만 달러를 손에 쥐었다. 그는 여기에서 만족하지 않고 엑스닷컴(X.com)이라는 온라인 금융 회사를 설립했고, 이 회사는 훗날 페이팔(PayPal)로 발전했다. 2002년 페이팔이 이베이(eBay)에 약 15억 달러에 인수되면서 그는 약 1억 6,500만 달러를 받게 된다. 이 자금은 이후 그의 대담한 도전을 가능하게 한 밑거름이 되었다.

같은 해 그는 스페이스X(SpaceX)를 설립했다. 목표는 단순한 우주 발사를 넘어 우주 비행의 상용화와 인류의 화성 이주라는 장기적인 비전을 실현하는 것이었다. 수차례 실패를 겪었지만, 결국 재사용 가능한 로켓 개발에 성공하며 우주 산업의 패러다임을 바꿨다.

2004년 테슬라에 초기 투자자로 참여해 이사회 의장이 되었고, 이후 CEO가 되어 회사를 이끌었다. 테슬라는 전기차의 기술적 한계를 극복하며 세계 전기차 산업을 선도하는 기업으로 성장했다. 그는 단순히 회사를 운영한 것이 아니라, 산업의 방향 자체를 재정의하는 데 집중해 왔다.

 딱 50부터 노후 준비합시다

그의 성공은 하루아침에 이뤄진 것이 아니다. 인터넷, 금융, 우주, 에너지라는 서로 다른 영역에서 위험을 감수하며 도전했고, 실패를 거듭하면서도 자신의 목표를 흔들림 없이 추구했다. 그의 이야기는 단순한 부자의 성공담이 아니다. 한 사람이 자신의 업을 끊임없는 도전과 실패 끝에 얻은 성공담이다.

머스크의 삶을 되짚어 보면 그가 왜 도전과 혁신의 아이콘으로 불리는지 이해할 수 있다. 그러나 그의 혁신 뒤에 자리한 핵심 키워드는 역설적이게도 '일관성'과 '지속성'이다. 우리는 흔히 도전을 끊임없이 새로운 것을 시도하는 행위로만 생각한다. 하지만 그의 행보를 살펴보면, 인터넷 결제에서 전기차, 우주 개발, AI에 이르기까지 겉으로는 영역이 달라 보여도 그 안에는 일관된 방향이 있다. 그것은 인류의 미래를 바꿀 기술, 특히 에너지 전환이나 우주 산업처럼 장기적인 생존과 연결된 분야에 꾸준히 집중해 왔다는 점이다.

여기서 말하는 지속성은 잘 버틴다는 의미의 '내구성'이 아니라, 환경과 기술의 '지속 가능성'을 뜻한다. 예를 들어 테슬라는 전기차 대중화를 통해 화석연료 의존도를 낮추는 데 초점을 맞췄고, 스페이스X는 우주 운송 비용을 낮춰 장기적으로 인류의 활동 영역을 확장하는 것을 목표로 삼았다. 분야는 달라도 그가 바라보는 문제의식은 일관되어 있다.

우리는 흔히 이렇게 말한다. "우주 개발이 당장 먹고사는 데 도움이 되나?" 또는 "친환경은 좋은 말이지만 지금 당장 불편하지 않나?"라고. 그러나 그는 단기적 효율보다 장기적 방향에 더 큰 무게를 두는 선택을 했다. 실제로 그는 여러 차례 파산 위기를 겪었고, 2008년에는 스페이스X와 테슬라가 동시에 어려움을 겪으며 개인 자산의 대부분을 투입해야 했던 시기도 있었다. 그럼에도 그는 방향을 바꾸지 않았다. 돈을 좇았다기보다, 자신이 옳다고 믿는 기술과 비전을 밀어붙였다고 보는 편이 더 가깝다.

기업은 결국 많은 사람의 문제를 해결할 때 성장한다. 다른 사람의 필요를 해결하면 수익이 생기고, 그 수익은 다시 투자와 혁신으로 이어진다. 머스크가 뛰어든 산업은 단순한 유행이 아니라, 대중이 아직 인식하지 못한 수요를 선제적으로 겨냥한 분야였다. 전기차, 재사용 로켓, 위성 인터넷은 모두 기존 산업 구조의 한계를 건드린 시도였다.

물론 그의 여정이 언제나 순조로웠던 것은 아니다. 집투를 매각했고, 페이팔에서도 경영권을 잃었다. 테슬라 역시 수차례 위기를 겪었다. 그러나 그 과정에는 전략적 선택과 실패, 그리고 다음 단계를 위한 준비가 함께 있었다. 지금의 위상은 단기간의 행운이 아니라, 수십 년 동안 같은 방향을 유지해 온 결과다.

결국 그의 성공을 가능하게 한 것은 멈추지 않는 실행력과

    딱 50부터 노후 준비합시다

장기적 관점이었다. 어린 시절 SF 소설을 읽으며 상상했던 미래를 산업과 기술의 영역에서 현실로 구현하려 했던 태도 말이다. 겉으로 보이는 화려한 도전 뒤에는 오히려 일관성과 지속성이 자리하고 있었다.

덕업일치로 성공한 세계 최고 부자들

＊

머스크의 행보가 우리에게 던지는 메시지는 분명하다. 부자란 재테크에 성공한 사람이 아니라 자신의 일을 성공으로 이끈 사람이다. 물론 이 문장은 다소 도발적으로 들릴 수 있다. 그러나 그의 삶을 들여다보면, 부의 출발점이 어디에 있었는지는 더욱 분명해진다.

우리는 단기간에 보유 자산이 폭발적으로 성장하길 바란다. 최근 몇 년간 비트코인과 미국 주식 가격의 급등을 경험한 투자자라면 그 기대는 더욱 클 것이다. 하지만 장기적으로 세계 최고 부호 명단에 이름이 오른 인물들 가운데 순수한 금융 투자만으로 현재의 자리에 오른 사례는 드물다.

어느 해에 투자가 크게 성공하면 우리는 그 성공 흐름이 계속될 것이라고 믿기 쉽다. 그러나 시장은 늘 같은 방향으로 움직이지 않는다. 그럼에도 미국 주식 투자 열풍 속에서 새벽까지 뜬 눈으로 해외 증시를 지켜보고, 출근 후에는 국내 증시를 확인하며 하루 대부분을 시세와 뉴스 확인하느라 본업에 집중하지 못하는 직장인들도 적지 않다. 그러나 미래의 진정한 경쟁력은 스마트폰 액정 창이 아니라 자신의 일터에서 만들어진다. 직에서 실력을 쌓고, 그 역량이 업으로 확장될 때 비로소 구조적인 성장이 가능해진다.

최근 몇 년간 세계 부호 상위권에는 머스크 외에도 제프 베이조스(Jeff Bezos), 베르나르 아르노(Bernard Arnault), 마크 저커버그(Mark Zuckerberg), 래리 엘리슨(Larry Ellison)과 같은 인물들이 이름을 올렸다. 베이조스는 아마존을 통해 전자 상거래 혁신을 이끌었고, 아르노는 루이비통 모에 헤네시(LVMH)를 통해 명품 산업을 확장했다. 저커버그는 메타(구 페이스북)를 창업했고, 엘리슨은 오라클(Oracle)을 공동 창업했다. 그들의 부는 단기적인 투자 수익이 아니라, 산업을 변화시킨 기업 활동에서 비롯되었다.

물론 그들 또한 투자로도 자산을 불렸지만, 자산 증식의 출발점은 '재테크'가 아니라 '사업'이었다. 투자 수익은 자산 증식의 도구일 뿐이었지, 그 근원은 아니다. 자신이 몸담은 분야에서

　　　　　　　　　　　　딱 50부터 노후 준비합시다

성장하고, 일찍부터 자신의 업을 발견해 꾸준히 축적해 온 시간이 결국 부의 기반이 된 것이다. 이처럼 직이 곧 업이 되는 상태, 이른바 덕업일치에 가까워질수록 자산의 질도 달라진다.

머스크는 젊은 시절 주당 100시간 가까이 일한 것으로 알려져 있다. 여기서 말하는 100시간은 단순한 체류 시간이 아니라, 일에 대한 몰입의 강도를 상징한다. 그만큼 자신의 분야에 에너지를 집중했다는 의미다.

노후 준비는 단순한 투자 전략이 아니다. 소득, 시간, 수익률이라는 3가지 요소가 함께 작동해야 한다.

소득은 자신의 역량을 키우고 더 나은 직업적 가치를 만들어가는 과정에서 나온다. 시간은 건강과 지속 가능성을 의미한다. 아무리 높은 소득을 올려도 오래 지속하지 못한다면 안정적인 노후 준비로 이어지기 어렵다. 수익률은 저축과 투자를 통해 자본을 효율적으로 운용하는 능력이다. 꼭 필요한 요소이지만, 직업적 성장을 방해할 정도로 수익률 경쟁에 과도하게 몰입하는 것은 바람직하지 않다. 즉 노후 준비는 소득, 시간, 수익률의 3가지 요소가 균형을 이룰 때 안정성을 갖게 된다.

내가 투자한 종목의 등락도 중요하지만 '나'라는 자산의 가치를 높이기 위한 노력이 더 중요하다. 자신이 좋아하고 잘하는 분야에서 역량을 키워 덕업일치에 가까워지는 것, 그것이 장기적으로 가장 강력한 재테크 전략이다.

　　　　딱 50부터 노후 준비합시다

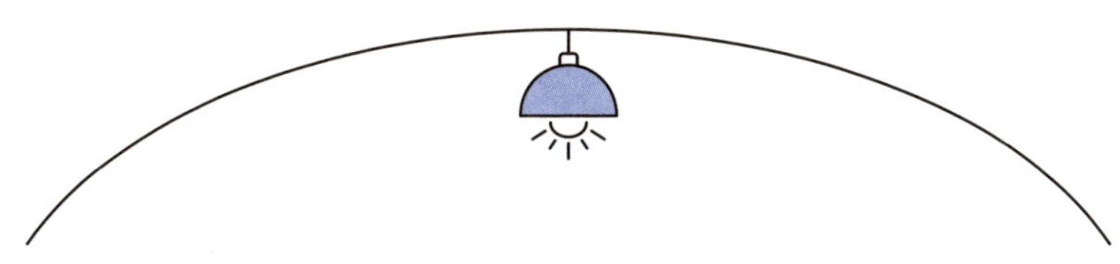

소득이 줄어도
계속 일해야 하는 이유

2003년 주 5일제가 전면 시행되기 전까지 직장인들은 매주 토요일도 근무했다. 돈쭐남은 1990년대에 직장 생활을 시작했기 때문에 토요일에 출근했던 기억이 있다. 하지만 언젠가부터 워라밸(일과 삶의 균형, Work-life balance)을 중시하는 사회적 인식이 확산하면서 이제는 대부분의 직장이 주 5일 근무제를 실시하고, 더 나아가 주 4.5일 근무제를 논의하는 곳도 있다. 그러나 대부분은 '5일 근무 + 2일 여가 생활'의 방식으로 30년을 살아가게 된다.

그런데 은퇴 후 완전히 뒤바뀌는 생활 패턴의 변화가 은퇴자들을 경제적으로나 정서적으로 힘들게 하는 경우가 많다. 30년간 매월 들어오던 월급이 더 이상 들어오지 않게 되면서 소득 절벽으로 경제적 충격이 생긴다. 그뿐만 아니라 매일 출근하던 직장에 더 이상 안 나가게 되면서 사회 활동이 갑자기 중단되니 정신적 충격도 상당하다.

그래서 은퇴 전 소득 절벽과 처음 마주할 때의 충격을 완화해 줄 완충제 같은 시기가 필요한데, 그것이 바로 '반퇴소득 기간'이다. 정부도 이런 은퇴자들을 위한 일자리 확대를 위해 많은 노력을 기울이고 있다.

수십억 자산가는
왜 매일 도서관으로 출근할까?

*

노인 일자리는 보통 만 60세 이상에게 자격이 주어지는 일자리를 말한다. 대부분 생계를 위해 노인 일자리를 선택하지만 건강 유지와 경력 발휘, 그리고 사회 활동의 연장을 위해 선택하는 경우도 많다.

  딱 50부터 노후 준비합시다

얼마 전 퇴직한 회사 선배를 만났다. 이 선배는 회사에서도 평판이 아주 좋고 여러모로 인정받으며 직장 생활을 했었는데, 일찍부터 주식 투자에 성공해 집이나 기타 부동산을 제외하고도 수십억 원의 금융 자산을 보유하고 있다.

그런데 은퇴 후 어떻게 지내는지 근황을 물었다가 깜짝 놀랐다. 자산이 많으니 마음 편히 여행 다니고 골프 치는 소위 여가만 즐기는 노후 생활을 하겠거니 생각했는데, 매일 어딘가에 출근을 한다는 것이 아닌가? 그래서 '혹시 돈이 많으니 창업했나?'라고 생각했다. 그런데 선배는 강남의 한 도서관에서 파트타임 사서로 근무 중이라는 뜻밖의 대답을 했다.

처음에는 내 귀를 의심했는데 선배의 말을 듣고 나니 고개가 끄덕여졌다. 공공형 일자리는 풀타임으로 근무하는 것이 아니라 하루 3~4시간을 근무하면서 생활의 리듬을 깨뜨리지 않고 사회 생활을 연장할 수 있다는 것이다. 선배는 오전 근무 후 오후에는 책을 읽거나 수영을 하고 사람을 만나면서, 제2의 인생을 어떻게 지내야 할지 설계 중이라고 한다.

선배가 정말 멋지다고 생각했다. '내가 왕년에 대기업에서 이 정도 연봉을 받으면서 사내 대학에서 교수까지 했었는데' 하는 의식이 있었다면 선택하지 못했을 것이다. 그리고 무엇보다도 '일을 하지 않아도 먹고살 수 있는 아주 충분한 자산이 있는

데 굳이 이런 일까지 해야 하나'라는 의식이 있었다면 못했을 것이다. 그래서 의외로 일자리가 없다기보다는 '왕년에 내가…' 하는 이른바 '왕년 의식' 때문에 반퇴소득 활동이 어렵다고 느끼는 사람이 많다.

노년층과 중장년층을 위한 다양한 지원 사업

*

정부와 지방자치단체는 노년층과 중장년층을 위한 다양한 일자리 지원 사업을 하고 있다. 노년층을 위한 사회 활동 지원 사업은 174쪽 <알아두면 돈이 되는 5가지 노후 복지 정책>에 소개했으니 참고하기를 바란다.

이미 퇴직 연령이 지난 노년층들을 위한 일자리 말고도, 지방자치단체에서 중장년층의 재취업과 경력 확대 개발을 위한 구직 활동을 지원하고 있다. 대표적으로 서울시는 중장년층 일자리 지원 사업인 '굿잡5060'을 운영하고 있다.

서울시에 따르면 '굿잡5060'은 전문 역량을 가진 중장년층들이 중소기업 및 사회적 경제 분야로 취업할 수 있도록 맞춤형 교육과 취업 서비스를 제공하는 사업이다. 현대자동차그룹, 고용노동부, 서울시50플러스재단, 상상우리가 서로의 자원과 강점을 협력해서 2018년부터 추진한 일자리 창출 사업이다. 지난 5년간의 참여자들을 분석한 결과 참여자 평균 연령은 55.4세였고, 참여자 중 남성이 71%, 여성이 29%를 차지했다. 은퇴 전 각 분야에서 평균 24년의 경력을 보유한 전문성과 역량을 갖춘 중장년층이 참여한 것으로도 확인되었다.

일을 하고는 싶지만 왕성하게 경제 활동을 하던 때보다 소득이 많이 줄어들어 반퇴소득 활동을 포기하는 사람이 많다. 하지만 월 50만 원이든 100만 원이든 그것은 단순한 금액 이상의 의미를 갖는다. 사회 참여를 통해 신체 활동이 늘고 생활 리듬이 유지되며, 사회적 관계가 이어지는 효과가 있기 때문이다. 이러한 활동은 건강 유지와 삶의 만족도 향상에 도움이 되고, 시간을 의미 있게 사용하게 해 소비 중심의 생활을 줄이는 효과도 기대할 수 있다.

반퇴 라이프 준비의 골든타임은 은퇴 10년 전이다

여러 번 설명했듯이 이제는 반드시 '저속 은퇴'와 '반퇴소득'이 필요하다. 일정 시점이 되면 누구나 소득 절벽을 경험하게 된다. 그렇다면 은퇴 시점에 깎아지른 듯한 절벽에서 내려올 낙하산이 필요하다. 그 낙하산이 바로 '반퇴소득'이고, 낙하산을 타고 내려가는 과정이 저속 은퇴다. 오른쪽 그래프처럼 은퇴 이후 (70세까지) 소득의 계단식 감소를 유도해 소득 감소 충격을 줄이는 것이다.

딱 50부터 노후 준비합시다

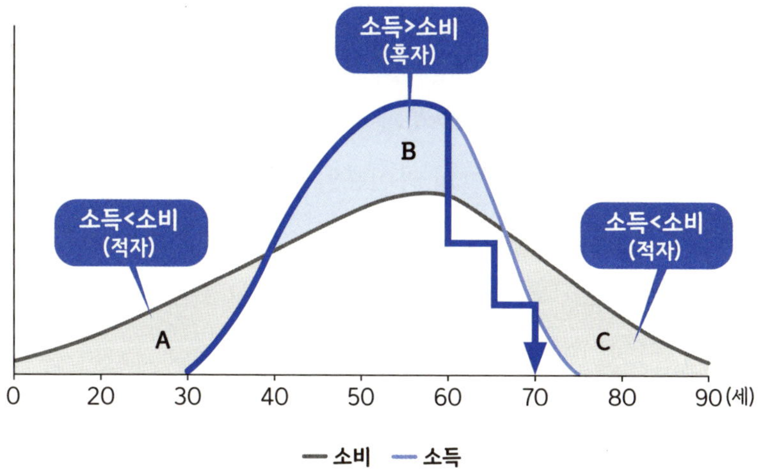

반퇴 성공의 비결은
돈이 아니라 적성이다

✳

저속 은퇴하는 과정, 즉 반퇴 라이프에도 질적인 차이가 존재한다. 여기서 말하는 질적인 차이는 소득의 높고 낮음이 아니다. 물론 1차 은퇴 이후에도 여전히 소득이 높거나, 드물지만 현직에 있을 때보다 더 높은 소득이 발생한다면 그야말로 인생 최고의 행운이자 축복일 것이다. 그러나 그런 경우는 극히 드물다.

그렇다면 소득이 아닌 어떤 요소에서 이러한 질적인 차이가 발생하는 것일까? 그것은 단연 '그 일이 자신의 적성에 얼마나 맞는가'와 깊은 관련이 있다. '덕업일치'라는 말처럼 자신의 적성, 재능, 성향과 맞는 일을 통해 소득을 얻을 수 있다면 그것이야말로 가장 이상적인 반퇴 라이프일 것이다. 누군가에게 '자신이 좋아하는 일과 소득이 높은 일 중 무엇을 선택하겠는가?'라고 묻는다면 대부분 소득이 높은 일을 선택할 것이다. 그러나 반퇴 라이프에서는 오히려 자신이 좋아하는 일을 하는 사람이 더 성공한 사람일 수 있다.

돈쭐남은 지금까지 살아오면서 수많은 사람을 만나봤지만 사람은 성격도 재능도 모두 다르다. 누구나 고유한 재능이 있겠지만 그 재능을 발견하고 개발해 성공하는 사람이 있는가 하면, 자신에게 그런 능력이 있다는 사실조차 모른 채 평생을 보내는 사람도 있다.

돈쭐남은 어린 시절에 소심하고 조용한 성격이었다. 중학교 때까지 생활기록부에 '말이 없고 조용하며 내성적인 성격이다'라고 적혀 있었던 것으로 기억한다. 주변의 평가 때문에 어린 시절부터 '나는 그런 사람이구나'라고 자연스럽게 받아들였다. 하지만 지금의 돈쭐남은 강연, 인터뷰, 방송에서 누구보다 많이 말하고 언변이 좋다는 평을 받는 사람이 되었다. 어린 시절과 전혀

 딱 50부터 노후 준비합시다

다른 지금의 모습에, 가끔씩 '내가 이렇게까지 말이 많은 사람이었나?'라는 생각이 들 때도 있다.

재능과 성향은 어린 시절에 드러나기도 하지만, 그것이 전부가 아니다. 재능을 발굴할 수 있는 환경과 개발이 뒤따라야 하는데 안타깝게도 그러지 못하는 경우가 많다.

특히 대한민국의 교육 현실에서는 이런 일이 더욱 자주 발생한다. 물론 교육 관계자분들이 이 글을 읽으신다면 불편하게 느끼실 수도 있겠지만, 우리 교육은 오랫동안 한 사람의 고유한 재능을 발견하는 교육이라기보다 '공부와 학업'이라는 단일 기준으로 학생을 평가하는 경향이 강했다. 그 결과 개개인의 성향과 재능이 묻혀버리는 일이 많았다.

사실 공부라는 재능은 평균적으로 10명 중 2명 정도에게만 두드러지게 나타난다고 한다. 따라서 자녀가 공부에 뛰어난 재능을 보이지 않는다고 해서 이상하거나 걱정할 일이 아닐 수도 있다. 그럼에도 자녀에게 오로지 공부만을 강조한다면 그 아이의 숨은 재능은 결국 발견하지 못하고 평생 묻혀버릴 가능성이 크다. 교육 현장이 공부와 학업 중심의 평가에서 벗어나지 않는 한 아이들의 다양한 재능은 쉽게 드러나기 어렵다.

돈쭐남은 '직+업'이라는 일의 영역에서 특히 '업'의 중요성을 강조한다. 자신이 좋아하고 사랑하는 일, 즉 자신의 내면 깊숙이

자리 잡은 재능을 바탕으로 반퇴 라이프를 설계하라는 의미다.

하지만 이런 이야기를 하면 대부분의 사람은 고민에 빠진다. 지금까지 그런 질문을 스스로에게 해본 적이 없기 때문이다. 초등학교 때는 공부하라는 말을 듣고 공부했고, 중학교와 고등학교에서는 대학에 가라는 말을 들으며 공부했다. 대학에 가서는 취업을 준비했고, 취업 후에는 승진을 위해 달려왔다. 그러다 갑자기 "나는 무엇을 잘하는가?" "나는 무엇을 하고 싶은가?"라는 질문을 받으면 당황하고 어려움을 느끼는 것이 당연하다.

그래서 업은 가능한 한 일찍 준비하는 것이 좋다. 새로운 도전을 시도하며 자신이 어떤 재능을 갖고 있고 어떤 일을 할 때 기쁨과 성취감을 느끼는지 발견해야 한다. 그러려면 생계를 위한 경제 활동이 아니라 '좋아하는 일'에 초점을 맞춰야 한다.

도전해서 얻게 된
인생 2막의 새로운 기회

✳

하지만 나이가 들수록 새로운 도전과 변화에 대한 두려움은 더욱 커진다. 이는 축적된 경험이 안정적인 선택을 우선하게 만들기 때문이다. 도전은 만족스러운 결과로 이어지기도 하지만, 그 과정에서 고난과 좌절을 함께 겪는다. 이러한 불확실성은 새로운 시도를 망설이게 만든다. 그러나 그런 고난이 새로운 도전의 기회가 되기도 한다는 사실을 잊지 말아야 한다.

돈쫄남이 몇 년 전 우연히 보게 된 여행 유튜브 채널 중 '아재여행'이 있다. 초기 영상을 보면 "땡큐"라는 말만 반복할 정도로 외국어에 익숙하지 않은 50대가 유럽의 여러 나라를 여행하며 겪는 좌충우돌 이야기가 등장한다. 영상은 다소 투박하고 세련된 느낌은 부족했지만 그 자체로 매력과 재미가 있었다. 다른 여행 유튜버들에 비해 편집이나 진행이 서툴러 초보 유튜버라는 느낌이 강했지만, 돈쫄남과 같은 세대라 묘한 공감이 생겨 한동안 꾸준히 시청했던 기억이 있다. 지금은 영상 기술도 많이 늘고 채널의 완성도도 상당히 높아졌다.

한 영상에서 그가 여행 유튜버가 된 이유를 말했는데, 그 이야기가 굉장히 인상 깊었다. 그는 몇 해 전 일을 하다가 높은 곳에서 떨어져 척추 압박 골절과 팔, 목 등에 큰 부상을 입었다. 그래서 5~6개월 동안 거의 누워서 지냈는데, 그 시간 동안 여행 유튜브를 보다가 '이 나이까지 비행기를 타고 먼 나라를 여행해 본 적이 없구나'라는 생각이 들었다고 한다. 그래서 '지금 아니면 언제 해보겠는가?'라는 마음으로 카메라 하나 들고 여행을 떠났고, 그 경험을 영상으로 기록하기 시작했다. 인생의 큰 고난을 좌절이 아니라 새로운 도전의 계기로 삼았다는 점에서 돈쭐남은 깊은 감동을 받았다. 지금은 구독자가 30만 명에 가까운 채널로 성장했고, 자신이 좋아하는 일을 하며 인생 후반전을 보내고 있다.

이러한 변화는 우연이 아니라 준비된 결과다. 그는 은퇴 10년 전부터 자신이 하고 싶은 일에 도전하고 적성을 개발하면서 인생 2막의 새로운 기회를 만들어 가고 있다. 돈을 보고 뛰어들었다기보다 해보고 싶었던 일에 도전했다는 점이 더 중요하다.

지금부터 은퇴 준비를 시작해야 하는 이유

*

사실 돈쭐남도 4년 전 유튜브 '부티플'을 시작하면서 '지금 시작해서 될까? 너무 늦은 것은 아닐까?'라며 걱정했던 기억이 있다. 하지만 '늦었다고 생각할 때가 가장 빠른 때'라는 말을 믿고 시작했고, 현재 구독자 115만 명을 달성했다.

돈쭐남은 은퇴를 10년 앞둔 중장년층에게 이런 말을 자주 한다.

"지금이 바로 은퇴 준비를 시작할 때다."

왜냐하면 나중에 쫓기듯 준비하게 되면 자아실현형 경제 활

딱 50부터 노후 준비합시다

동은 사실상 어려워지고, 결국 다시 하기 싫은 생계형 경제 활동으로 내몰릴 가능성이 높기 때문이다.

자신이 현직에 있을 때만큼 풀타임으로 일하지 않더라도, 재능이 있고 보람을 느낄 수 있는 일을 찾기 위해서는 여러 가지 시도가 필요하며, 그만큼 충분한 시간이 필요하다. 그 시간이 바로 10년이다.

어떤 사람은 은퇴를 앞두고 공인중개사 시험을 준비하고, 또 어떤 사람은 중장비 면허나 바리스타 자격증에 도전한다. 반퇴 소득을 위한 준비로서 이러한 선택이 의미가 없는 것은 아니다. 하지만 이런 일은 자신이 하고 싶은 일이라기보다는 다른 사람들이 '세컨드 잡'으로 많이 선택하는 일에 가깝지 않은가? 이러한 정형화된 선택이 아니라 자신이 진정으로 하고 싶은 일에서 승부를 볼 수 있어야 한다. 다만 이 과정에는 상당한 시간이 필요하다. 따라서 한창 일할 나이인 은퇴 10년 전부터 자신의 적성에 맞는 일을 찾기 시작해야 한다.

은퇴에 임박해 준비를 시작하면, 그 일이 단순한 소득 수단을 넘어 자신의 적성과 맞는지, 어떤 의미를 갖는지 충분히 검증하지 못한 채 쫓기듯 선택하게 될 가능성이 크다. 따라서 가장 중요한 것은 해당 일을 충분한 시간 동안 경험해 보면서, 자신의 적성과 성향에 맞는지 스스로 확인하는 과정이다.

시간적 여유가 있다면 현직에 있는 동안 관련 분야의 경험자를 찾고, 그들을 통해 입문에 필요한 정보를 충분히 습득할 수 있으면 좋다. 이 과정에서 롤 모델을 설정하는 것도 도움이 된다. 아무도 해보지 않은 일을 새롭게 개척하기보다는, 자신이 생각하는 수준의 반퇴소득을 이미 실현한 사례를 참고하는 것이 현실적인 접근이다. 이러한 롤 모델은 지방자치단체의 중장년 일자리 지원 센터 교육 프로그램이나 관련 콘텐츠에서도 충분히 찾을 수 있다.

은퇴 이후 적은 소득이라도 경제 활동을 이어가는 방법은 결코 하나가 아니다. 고민하는 사람의 수만큼 다양한 선택지가 존재한다. 결국 중요한 것은 얼마나 더 일찍 준비를 시작하느냐다.

따라서 은퇴 이후의 삶을 안정적으로 설계하고자 한다면, 준비의 출발 시점을 최대한 앞당겨야 한다. 그리고 그 기준이 되는 최소한의 시간, 다시 말해 준비와 검증, 시행착오를 모두 감당할 수 있는 시간의 마지노선이 바로 10년이다. 이 10년은 방향을 잘못 잡았을 때 다시 수정할 수 있는 여유를 포함한 시간이며, 결국 선택의 실패 확률을 낮추는 가장 현실적인 안전 장치다.

     딱 50부터 노후 준비합시다

딱 50부터 노후 준비합시다

초판 1쇄 발행 2026년 4월 15일

지은이 김경필
브랜드 경이로움
출판 총괄 안대현
기획 이제호
책임편집 정은솔
편집 김효주, 심보경
마케팅 김윤성
표지디자인 김지혜
표지일러스트 김태균(@kyoon.works)
본문디자인 윤지은

발행인 김의현
발행처 (주)사이다경제
출판등록 제2021-000224호(2021년 7월 8일)
주소 서울특별시 강남구 테헤란로33길 13-3, 7층(역삼동)
홈페이지 cidermics.com
이메일 gyeongiloumbooks@gmail.com(출간 문의)
전화 02-2088-1804 **팩스** 02-2088-5813
종이 다올페이퍼 **인쇄** 재영피앤비
ISBN 979-11-94508-81-6 (03320)